# Les Discours d'Épictète (Livre 1)

*De la leçon à l'action !*

**EPICTETUS**

**Adapté au lecteur d'aujourd'hui | La philosophie stoïcienne au présent**

∎∎∎

Liste des contributeurs : Épictète, George Long

Épictète est un philosophe grec qui a vécu de 55 à 135 après J.-C. Il est né esclave à Hiérapolis, en Phrygie (Turquie actuelle). Il est né esclave à Hiérapolis, en Phrygie (l'actuelle Turquie), et a gagné sa liberté par la suite. Les enseignements d'Épictète étaient centrés sur le stoïcisme, soulignant l'importance de l'autodiscipline, de l'acceptation du destin et de la recherche de la vertu. Bien qu'il n'ait écrit aucun de ses enseignements, son élève Arrian, un sénateur romain, a compilé les "Discours" et l'"Enchiridion" en se basant sur les conférences d'Épictète. La philosophie d'Épictète a eu une influence majeure sur les philosophes stoïciens ultérieurs et continue d'être étudiée et respectée à ce jour.

Les Discours d'Épictète (Livre 1) - De la leçon à l'action !

Adaptation, Couverture, Copyright © 2023 ISBN PROPRIÉTAIRE

THIS ADAPTATION IS A COPYRIGHTED WORK, LEGALLY REGISTERED/PROTECTED WITH BLOCKCHAIN TECHNOLOGY (REGISTRATION NUMBER: DA-2023-045281)

Tous droits réservés. Aucune partie de ce livre ne peut être utilisée ou reproduite de quelque manière que ce soit sans autorisation écrite préalable.

Traduction : B. J. Taylor

Edition/Version : 1/3 [Révisé 10 mai 2024]

■ AΩ ■

Clause de non-responsabilité : Veuillez noter que les informations contenues dans ce document sont uniquement destinées à des fins éducatives et de divertissement. Tous les efforts ont été faits pour présenter des informations exactes, à jour, fiables et complètes. Aucune garantie de quelque nature que ce soit n'est exprimée ou sous-entendue. Les lecteurs reconnaissent que l'auteur n'est pas engagé à fournir des conseils juridiques, financiers, médicaux ou professionnels. Le contenu de ce livre a fait l'objet de recherches auprès de diverses sources. Veuillez consulter un praticien agréé avant d'essayer l'une des techniques décrites dans ce livre. En lisant ce document, le lecteur accepte qu'en aucun cas l'auteur ne puisse être tenu responsable de toute perte, directe ou indirecte, subie à la suite de l'utilisation des informations contenues dans ce document, y compris, mais sans s'y limiter, les erreurs, les omissions ou les inexactitudes.

Élargissez vos horizons littéraires et offrez le plaisir de la lecture : Découvrez un monde de livres captivants qui inspirent, éduquent et divertissent !

https://www.legendaryeditions.art/

# SOMMAIRE

CHAPITRE 1 — DES CHOSES QUI SONT EN NOTRE POUVOIR ET DE CELLES QUI NE LE SONT PAS..................................................................1

CHAPITRE 2 — COMMENT UNE PERSONNE PEUT MAINTENIR SON CARACTERE PROPRE EN TOUTE OCCASION......................................7

CHAPITRE 3 — COMMENT PARTIR DU PRINCIPE QUE DIEU EST LE PERE DE TOUS LES HOMMES POUR ALLER VERS LE RESTE ......................13

CHAPITRE 4 — DE PROGRES OU D'AMELIORATION..........................17

CHAPITRE 5 — CONTRE LES UNIVERSITAIRES...................................23

CHAPITRE 6 — DE LA PROVIDENCE ....................................................27

CHAPITRE 7 — DE L'USAGE DES ARGUMENTS SOPHISTIQUES, HYPOTHETIQUES ET AUTRES DU MEME GENRE.................................33

CHAPITRE 8 — QUE LES FACULTES NE SONT PAS SURES POUR CEUX QUI NE SONT PAS INSTRUITS ..........................................................39

CHAPITRE 9 — COMMENT, A PARTIR DU FAIT QUE NOUS SOMMES SEMBLABLES A DIEU, UNE PERSONNE PEUT PASSER AUX CONSEQUENCES ...43

CHAPITRE 10 — CONTRE CEUX QUI RECHERCHENT AVEC ARDEUR LA PREEMINENCE A ROME ......................................................................49

CHAPITRE 11 — DE L'AFFECTION NATURELLE...................................53

CHAPITRE 12 — DU CONTENTEMENT..................................................59

CHAPITRE 13 — COMMENT TOUT PEUT ETRE FAIT D'UNE MANIERE ACCEPTABLE POUR LES DIEUX ..........................................................65

CHAPITRE 14 — LA DIVINITE SUPERVISE TOUTES CHOSES...............69

# SOMMAIRE

**CHAPITRE 15** — LES PROMESSES DE LA PHILOSOPHIE .................................. 73

**CHAPITRE 16** — DE LA PROVIDENCE .......................................................... 77

**CHAPITRE 17** — QUE L'ART LOGIQUE EST NECESSAIRE ............................... 81

**CHAPITRE 18** — QU'IL NE FAUT PAS SE FACHER CONTRE LES ERREURS DES AUTRES ........................................................................................................... 87

**CHAPITRE 19** — COMMENT SE COMPORTER AVEC LES TYRANS ................. 93

**CHAPITRE 20** — DE LA RAISON, COMMENT ELLE SE CONTEMPLE ELLE-MEME ........................................................................................................................ 99

**CHAPITRE 21** — CONTRE CEUX QUI VEULENT ETRE ADMIRES .................. 103

**CHAPITRE 22** — SUR LES PRECOGNITIONS ............................................... 105

**CHAPITRE 23** — CONTRE ÉPICURE ........................................................... 109

**CHAPITRE 24** — COMMENT LUTTER CONTRE LES CIRCONSTANCES ......... 113

**CHAPITRE 25** — SUR LE MEME .................................................................. 117

**CHAPITRE 26** — QUELLE EST LA LOI DE LA VIE ? ..................................... 123

**CHAPITRE 27** — DE COMBIEN DE FAÇONS LES APPARENCES EXISTENT-ELLES, ET QUELLES AIDES DEVONS-NOUS LEUR APPORTER ? .................................. 127

**CHAPITRE 28** — QU'IL NE FAUT PAS SE METTRE EN COLERE CONTRE LES HOMMES, ET QUELLES SONT LES PETITES ET LES GRANDES CHOSES PARMI LES HOMMES ...................................................................................................... 133

**CHAPITRE 29** — DE LA CONSTANCE ......................................................... 141

**CHAPITRE 30** — CE QU'IL FAUT AVOIR SOUS LA MAIN DANS LES CIRCONSTANCES DIFFICILES ........................................................................ 151

**INDEX** ........................................................................................................ 155

# PRÉFACE

Dans le domaine de la philosophie ancienne, peu de voix ont résonné aussi puissamment et remué les profondeurs de l'esprit humain que celle d'Épictète, le vénéré philosophe stoïcien de la Grèce antique. Sa sagesse intemporelle continue d'imprégner le tissu de la pensée humaine, offrant réconfort, conseils et inspiration à ceux qui recherchent une vie de but et de tranquillité.

"Les Discours d'Épictète" est un ouvrage qui résume les enseignements et les idées profondes de ce philosophe extraordinaire. Au fil des pages, Épictète nous entraîne dans un voyage transformateur, nous faisant passer de la simple compréhension intellectuelle au pouvoir transformateur de l'action.

Épictète pensait que la véritable sagesse ne pouvait être atteinte que par l'application pratique. Il ne suffit pas de contempler des principes philosophiques, il faut les incarner dans chaque respiration, dans chaque interaction. Ce livre, une compilation de ses conférences éclairantes, dévoile le chemin qui mène à la paix intérieure et à l'épanouissement en mettant la philosophie en pratique.

Dans ces mots sacrés, Épictète transmet des leçons inestimables sur la nature de la maîtrise de soi, de la résilience et de la vie en harmonie avec les marées changeantes de l'existence. Il souligne l'importance de discerner ce qui est sous notre contrôle et ce qui se trouve au-delà, ce qui nous conduit à un sentiment inébranlable de liberté et de sérénité, indépendamment des circonstances extérieures.

Les enseignements d'Épictète dépassent les limites de la théorie. Il propose des exercices pratiques et des exemples concrets qui nous permettent de faire le lien entre la philosophie et la vie de tous les jours. Qu'il s'agisse de naviguer dans les relations personnelles,

## PRÉFACE

d'affronter l'adversité ou de chercher un sens au milieu du chaos, ses mots deviennent une boussole qui nous guide vers une meilleure compréhension de nous-mêmes et du monde qui nous entoure.

Ce livre n'est pas seulement un traité philosophique ; c'est un appel aux armes, un testament du pouvoir de transformation de l'application de la sagesse ancienne aux complexités de nos vies modernes. Il nous rappelle que le vrai bonheur ne réside pas dans la main capricieuse du destin, mais dans le pouvoir inébranlable de nos pensées, de nos choix et de nos actions.

Ouvrez ces pages, plongez-vous dans les enseignements intemporels d'Épictète et embarquez pour un voyage vers la maîtrise de soi, la liberté et les extraordinaires hauteurs de l'esprit humain.

# CHAPITRE 1

## — Des choses qui sont en notre pouvoir et de celles qui ne le sont pas

Le pouvoir de contemplation est une faculté qui échappe à toutes les autres facultés, les rendant incapables d'autoréflexion ou de jugement. Même l'art de la grammaire, qui nous permet de porter des jugements sur les mots écrits et parlés, n'a pas la capacité de se contempler lui-même. Il en va de même pour la musique, qui peut évaluer les mélodies mais pas sa propre existence. Cependant, il existe une faculté qui se distingue par sa capacité à se contempler elle-même et à contempler toutes les autres choses : la faculté rationnelle. C'est elle qui nous permet d'examiner la valeur et l'utilité d'autres facultés, comme la musique et la grammaire, et de porter des jugements sur les apparences. Si les dieux ne nous ont pas donné le pouvoir sur de nombreux aspects de notre vie, ils nous ont donné la capacité d'utiliser les apparences et d'utiliser notre faculté rationnelle à bon escient. En reconnaissant qu'il s'agit là de notre véritable possession et en y consacrant notre attention, nous pouvons naviguer dans la vie sans entraves ni lamentations.

### La faculté rationnelle et le pouvoir de perception

De toutes les facultés, aucune n'est capable de se contempler elle-même, et donc d'approuver ou de désapprouver. Quel pouvoir de contemplation possède l'art de la grammaire ? Il a la capacité de former des jugements sur ce qui est écrit et parlé. Et qu'en est-il de la musique ? Elle peut porter un jugement sur les mélodies. Mais l'une ou l'autre de ces facultés se contemple-t-elle elle-même ? Non, pas du tout. Cependant, lorsque vous devez écrire quelque chose à votre ami, la grammaire vous guidera dans le choix des mots, mais elle ne vous dira pas si vous devez écrire ou non. Il en va de même pour la musique et les sons musicaux. La musique peut vous guider sur ce qui sonne bien, mais elle ne vous dira pas si vous devez chanter ou jouer du luth dans le moment présent, ou ne faire ni l'un ni l'autre. Alors, quelle est la faculté qui vous le dira ? C'est la faculté rationnelle, celle qui se contemple elle-même et qui contemple toutes les autres choses. Qu'est-ce que cette faculté ? C'est notre capacité à nous examiner nous-mêmes, à examiner notre nature et nos capacités, et à comprendre la valeur de ces dons. C'est aussi la capacité d'examiner toutes les autres facultés. Après tout, qui d'autre déclare que les choses en or sont belles ? Certainement pas les choses en or elles-mêmes. De toute évidence, c'est la faculté qui peut juger les apparences. Et qui d'autre juge la musique, la grammaire et les autres facultés, discerne leur utilité et identifie les moments propices à leur utilisation ? Personne d'autre.

Il en était ainsi à l'époque, et il convenait qu'il en soit ainsi - la meilleure et la plus suprême des choses est la seule chose sur laquelle les dieux nous ont donné le contrôle : le bon usage des apparences. En revanche, toutes les autres choses échappent à notre contrôle. Est-ce parce que les dieux l'ont voulu ainsi ? Je crois que s'ils en avaient été capables, ils nous auraient également donné le contrôle de ces autres choses, mais ils n'ont tout simplement pas pu. Parce que nous vivons sur terre, liés à un corps physique et entourés de compagnons, il nous aurait été impossible de ne pas être affectés par des facteurs externes en ce qui concerne ces choses.

Mais que dit Zeus ? "Épictète, si c'était possible, j'aurais rendu ton petit corps et ton petit bien libres et non exposés à des obstacles. Mais ne l'ignore pas : ce corps n'est pas le tien, mais c'est de l'argile bien tempérée. Et comme je n'ai pu faire pour toi ce que j'ai dit, je t'ai donné une petite partie de nous, cette faculté de poursuivre un objet et de l'éviter, et la faculté de désirer et d'aversion, et, en un mot, la faculté d'utiliser les apparences des choses ; et si tu veux prendre soin de cette faculté et la considérer comme ton seul bien, tu ne seras jamais gêné, tu ne rencontreras jamais d'obstacles ; tu ne te lamenteras pas, tu ne blâmeras pas, tu ne flatteras personne."

Ces petites choses vous paraissent-elles importantes ? J'espère que non. Contentez-vous-en et priez les dieux. Cependant, maintenant que nous avons la possibilité de nous concentrer sur une seule chose et de nous y consacrer, nous choisissons plutôt de nous concentrer sur beaucoup de choses. Nous nous attachons à notre corps, à nos biens, à nos frères et sœurs, à nos amis, à nos enfants et à nos esclaves. Parce que nous sommes attachés à tant de choses, nous nous sentons alourdis et opprimés. Par conséquent, lorsque le temps n'est pas propice à la navigation, nous restons assis et nous nous tourmentons, cherchant constamment la direction du vent. "Il souffle du nord. Mais pourquoi cela nous importe-t-il ? "Quand le vent d'ouest soufflera-t-il ?" Il soufflera quand il le voudra, mon ami, ou quand Éole le voudra. Ce n'est pas à toi de contrôler les vents, mais à Éole. Alors que devons-nous faire ? Nous devons faire le meilleur usage possible des choses qui sont sous notre contrôle et utiliser le reste conformément à leur nature. Et quelle est leur nature ? C'est à Dieu d'en décider.

"Dois-je donc être le seul à avoir la tête tranchée ?" Voudriez-vous que tous les hommes perdent leur tête juste pour vous consoler ? Ne vas-tu pas tendre le cou comme l'a fait Lateranus à Rome lorsque Néron a ordonné sa décapitation ? En effet, après avoir tendu le cou et reçu un faible coup qui l'a fait brièvement se rétracter, il l'a de nouveau tendu. Et peu de temps auparavant, lorsqu'il reçut la visite d'Epaphrodite, l'affranchi de Néron, qui s'enquit de l'offense qu'il avait commise, il dit : "Si je veux divulguer quelque chose, je le dirai à ton maître."

Qu'est-ce qu'un homme doit donc avoir en réserve dans de telles circonstances ? Ce qui est à moi et ce qui n'est pas à moi, ce qui m'est permis et ce qui ne m'est pas permis. Je dois mourir. Dois-je mourir en me lamentant ? Je dois être enchaîné. Dois-je alors aussi me lamenter ? Il faut que j'aille en exil. Quelqu'un m'empêche-t-il alors de partir avec le sourire, la gaieté et le contentement ? "Dis-moi le secret que tu possèdes". Je ne le ferai pas, car c'est en mon pouvoir.

# CHAPITRE 1 — Des choses qui sont en notre pouvoir et de celles qui ne le sont pas

"Mais je te mettrai aux fers." Qu'est-ce que tu racontes ? De me mettre aux fers ? Tu peux m'entraver la jambe, mais ma volonté, même Zeus ne peut la vaincre. "Je te jetterai en prison." Mon pauvre corps, vous voulez dire. "Je te couperai la tête." Quand t'ai-je donc dit que seule ma tête ne pouvait être coupée ? Voilà les choses que les philosophes devraient méditer, sur lesquelles ils devraient écrire chaque jour, et auxquelles ils devraient s'exercer. Thrasea disait : "J'aime mieux être tué aujourd'hui que banni demain." Que lui dit alors Rufus ? "Si tu choisis la mort comme le malheur le plus lourd, combien grande est la folie de ton choix ? Mais si vous choisissez la mort comme le malheur le plus léger, qui vous a donné le choix ? N'apprendras-tu pas à te contenter de ce qui t'a été donné ?" Que dit alors Agrippinus ? Il dit : "Je ne me gêne pas moi-même." Lorsqu'on lui annonça que son procès se déroulait au Sénat, il dit : "J'espère qu'il se passera bien, mais c'est la cinquième heure du jour" - c'était l'heure à laquelle il avait l'habitude de se dépenser et de prendre ensuite un bain froid - "allons prendre notre exercice." Après avoir fait son exercice, quelqu'un vient lui dire : "Tu es condamné." "Au bannissement", répond-il, "ou à la mort ?" "Au bannissement." "Et mes biens ?" "Ils ne te sont pas enlevés." "Allons donc à Aricia", dit-il, "et dînons". Voilà ce que signifie avoir étudié ce qu'un homme doit étudier ; avoir libéré le désir et l'aversion de toute entrave, et de tout ce qu'un homme voudrait éviter. Je dois mourir. Si c'est maintenant, je suis prêt à mourir. Si, peu de temps après, je dîne parce que c'est l'heure du dîner, après cela, je mourrai. Comment ? Comme un homme qui abandonne ce qui appartient à un autre.

### De la leçon...

Concentrez-vous sur ce qui est sous votre contrôle et relâchez votre attachement aux choses extérieures. Acceptez l'adversité avec résilience et cultivez un état d'esprit de satisfaction et d'acceptation.

### À l'action !

(1) Réfléchissez au fait qu'aucune faculté n'est capable de se contempler elle-même et de n'approuver ni de désapprouver.
(2) Comprendre que l'art de la grammaire a le pouvoir de former des jugements sur la langue écrite et parlée.
(3) Reconnaître que la musique a le pouvoir de juger la mélodie.

# CHAPITRE 1 — Des choses qui sont en notre pouvoir et de celles qui ne le sont pas

(4) Reconnaître que ni la grammaire ni la musique ne peuvent se contempler elles-mêmes.

(5) Comprenez que si la grammaire peut vous indiquer les mots à écrire, elle ne peut pas vous dire si vous devez écrire ou non.

(6) Reconnaître que la musique peut vous renseigner sur les sons musicaux, mais qu'elle ne peut pas vous dire si vous devez chanter ou jouer d'un instrument.

(7) Réfléchissez au fait que la faculté rationnelle est la seule à pouvoir se contempler elle-même et à contempler toutes les autres choses.

(8) Comprendre que la faculté rationnelle est capable de juger les apparences et peut déterminer la valeur et l'utilité des autres facultés.

(9) Réfléchissez au fait que la faculté rationnelle nous dit que les choses en or sont belles, alors qu'elles ne le disent pas elles-mêmes.

(10) Reconnaître que la faculté rationnelle juge la musique, la grammaire et d'autres facultés, en déterminant leurs usages et le moment de les utiliser.

(11) Reconnaître que les dieux ont mis en notre pouvoir le bon usage des apparences, la faculté rationnelle.

(12) Réfléchissez au fait que tout le reste n'est pas en notre pouvoir et n'est pas placé par les dieux pour que nous le contrôlions.

(13) Comprenez que malgré l'incapacité des dieux à placer d'autres choses en notre pouvoir, ils l'auraient fait s'ils l'avaient pu.

(14) Reconnaître que des facteurs externes, tels que notre corps et nos compagnons, nous empêchent de faire d'autres choses.

(15) Réfléchissez au message de Zeus selon lequel notre corps n'est pas vraiment le nôtre, mais plutôt de l'argile finement tempérée.

(16) Comprenez que Zeus nous a donné les facultés de poursuite et d'évitement, de désir et d'aversion, et l'utilisation des apparences comme seul bien.

(17) Reconnaître que si nous prenons soin de cette faculté et la considérons comme notre seule possession, nous ne serons jamais entravés ou confrontés à des obstacles.

(18) Comprenez qu'il vaut mieux se contenter des facultés qui nous sont données et prier les dieux.

# CHAPITRE 1 — Des choses qui sont en notre pouvoir et de celles qui ne le sont pas

(19) Réfléchissez au fait qu'au lieu de nous concentrer sur une seule chose qui est en notre pouvoir, nous nous attachons souvent à beaucoup de choses, ce qui nous déprime et nous tire vers le bas.

(20) Reconnaître que nous devons faire le meilleur usage des choses qui sont en notre pouvoir et utiliser les autres selon leur nature, telle qu'elle est déterminée par Dieu.

(21) Réfléchissez aux exemples de Lateranus et de son acceptation de la mort et d'Agrippinus qui se contente de sa situation.

(22) Comprenez que nous devons être prêts à faire la distinction entre ce qui nous appartient et ce qui ne nous appartient pas, et entre ce qui nous est permis et ce qui ne nous est pas permis.

(23) Réfléchissez au fait que notre volonté ne peut être maîtrisée par des circonstances extérieures, même si notre corps peut être affecté.

(24) Reconnaître l'importance de l'étude et de la méditation sur les enseignements philosophiques pour développer un état d'esprit qui nous permette de nous contenter de ce qui nous est donné.

# CHAPITRE 2

## — Comment une personne peut maintenir son caractère propre en toute occasion

Dans la poursuite de la raison et de la rationalité, l'irrationnel devient intolérable, tandis que ce qui est conforme à la raison est considéré comme tolérable. Le concept de tolérabilité va au-delà de la douleur physique, car la nature rationnelle des actions et des décisions a une plus grande influence sur la perception de ce qui est tolérable. Cependant, ce qui est perçu comme rationnel ou irrationnel peut varier d'une personne à l'autre, ce qui nécessite discipline et adaptation pour aligner ses idées préconçues sur ce qui est conforme à la nature. Cette exploration introspective de la rationalité s'étend également à la valeur que les individus s'accordent et à leur volonté de se conformer aux attentes de la société. La discussion qui suit explore les subtilités de la rationalité et de l'irrationalité, invitant les individus à réfléchir à leur propre valeur et aux compromis qu'ils choisissent de faire.

> L'importance de la rationalité et de la conscience de soi dans la prise de décision

L'irrationnel n'est intolérable que pour l'animal rationnel ; mais ce qui est rationnel est tolérable. Les coups ne sont pas naturellement intolérables. "Comment cela se fait-il ? Regardez comment les Lacédémoniens supportent les coups de fouet lorsqu'ils ont appris

## CHAPITRE 2 — Comment une personne peut maintenir son caractère propre en toute occasion

qu'ils sont conformes à la raison. "Se pendre n'est pas intolérable." Donc, quand on croit que c'est rationnel, on se pend. En résumé, si nous observons, nous constaterons que l'être humain n'est blessé par rien autant que par ce qui est irrationnel ; et inversement, il n'est attiré par rien autant que par ce qui est rationnel.

Mais le rationnel et l'irrationnel apparaissent différemment selon les individus, tout comme le bon et le mauvais, le rentable et le non rentable. C'est pourquoi il est nécessaire d'apprendre à adapter nos notions préconçues de rationnel et d'irrationnel à différentes situations, en accord avec la nature. Pour déterminer ce qui est rationnel et irrationnel, nous ne prenons pas seulement en considération les facteurs externes, mais aussi ce qui convient à chaque personne. Pour une personne, il peut être raisonnable de tenir un pot de chambre pour quelqu'un d'autre, uniquement parce que si elle ne le fait pas, elle sera punie et privée de nourriture. En revanche, pour une autre personne, non seulement tenir un pot de chambre est insupportable pour elle-même, mais il est également intolérable que quelqu'un d'autre accomplisse cette tâche à sa place. Si vous me demandiez si vous devez tenir le pot de chambre ou non, je vous dirais que recevoir de la nourriture est plus important que de ne pas en recevoir, et qu'être battu est une plus grande humiliation que de ne pas l'être. Si vous prenez votre décision sur la base de ces facteurs, tenez le pot de chambre. "Mais, direz-vous, ce ne serait pas digne de moi. Dans ce cas, c'est à vous d'y réfléchir, pas à moi. C'est vous qui connaissez votre propre valeur et le prix auquel vous êtes prêt à vous vendre. Les gens se vendent à des prix différents.

C'est pourquoi, lorsque Florus se demandait s'il devait assister aux spectacles de Néron et même y jouer lui-même, Agrippinus lui conseilla : "Vas-y". Agrippinus répondit : "Parce que je ne me préoccupe pas de ces choses-là." Lorsque quelqu'un se met à délibérer sur ces choses et à calculer la valeur des choses extérieures, il est très proche de ceux qui ont oublié leur vrai caractère. Alors pourquoi me demandez-vous si la mort est meilleure que la vie ? Je réponds "la vie". "Douleur ou plaisir ?" Je dis "plaisir". Mais si je ne participe pas à l'acte tragique, on me coupera la tête. Alors allez-y, participez, mais je ne le ferai pas. "Pourquoi ? Parce que tu te vois comme un fil parmi d'autres dans une tunique. Eh bien, c'est à vous qu'il incombe de faire en sorte que vous soyez comme le reste de l'humanité, de même qu'un fil n'a pas à être supérieur aux autres fils. Mais je veux être pourpre, cette petite partie qui est brillante et qui fait paraître tout le reste élégant et beau. Alors pourquoi me dites-vous de me conformer à la majorité ? Et même si je le fais, comment serai-je encore violet ? Priscus Helvidius l'a également compris et a agi en conséquence. Lorsque Vespasien lui ordonna de ne pas entrer au sénat, il répondit : "Tu as le pouvoir de m'interdire d'être membre du sénat, mais tant que je le suis, je dois y entrer." "Bien, entrez", dit l'empereur, "mais ne parlez pas". "Ne me demandez pas mon avis et je me tairai." "Mais je dois vous demander votre avis." "Et je dois dire ce que je pense être juste." "Mais si tu le fais, je te tuerai." "Quand ai-je dit que j'étais immortel ? Vous ferez votre part, et je ferai la mienne : c'est à vous de tuer ; à moi de mourir, mais pas dans la peur : à vous de me bannir ; à moi de partir sans chagrin."

À quoi a donc servi Priscus, qui n'était qu'une seule personne ? Et qu'est-ce que la pourpre apporte à la toge ? Eh bien, rien d'autre que ceci : elle ressort de la toge en tant que pourpre et sert de modèle pour toutes les autres choses. Dans de telles circonstances, une autre personne aurait pu répondre à César, qui lui interdisait l'accès au sénat, en disant : "J'apprécie ta clémence." Mais Vespasien n'aurait même pas interdit à un tel homme d'entrer au sénat, parce qu'il savait qu'il resterait silencieux comme un vase ordinaire ou que, s'il parlait, il dirait ce que César désirait et fournirait encore plus.

De la même manière, un athlète était menacé de mort s'il n'était pas amputé de ses organes génitaux. Son frère, qui était philosophe, s'approcha de l'athlète et lui demanda : "Que vas-tu faire, mon frère ? Allons-nous procéder à l'amputation et retourner au gymnase ?" Mais l'athlète resta fidèle à sa décision et finit par périr. Lorsqu'on demanda à Épictète si l'athlète avait agi en tant qu'athlète ou en tant que philosophe, il répondit : "En tant qu'être humain". Il expliqua ensuite qu'il avait été reconnu comme athlète aux Jeux olympiques et qu'il y avait participé. Il avait fait l'expérience directe d'un tel contexte, contrairement à quelqu'un qui a été simplement oint à l'école de Baton. Épictète souligne que cet individu aurait volontiers

## CHAPITRE 2 — Comment une personne peut maintenir son caractère propre en toute occasion

sacrifié sa propre tête s'il avait pu continuer à vivre sans elle. Cela démontre l'immense importance accordée au caractère d'une personne par ceux qui ont pris l'habitude de l'apprécier au même titre que d'autres considérations.

"Viens donc, Épictète, rase-toi." "Si je suis philosophe, je réponds que je ne me raserai pas." "Mais je t'arracherai la tête ?" Si cela peut te faire du bien, enlève-la.

Quelqu'un a demandé un jour : "Comment chacun de nous peut-il déterminer ce qui convient à son caractère ?". On lui a répondu : "Tout comme un taureau, lorsqu'il est attaqué par un lion, reconnaît instinctivement sa propre force et défend le troupeau tout entier". Il est clair que la conscience d'avoir certaines capacités est immédiatement liée à la possession de ces capacités. Par conséquent, quiconque possède de telles capacités ne les ignore pas. Mais devenir un taureau ou un homme courageux ne se fait pas du jour au lendemain. Nous devons nous discipliner pendant l'hiver pour nous préparer aux batailles de l'été et ne pas nous impliquer inconsidérément dans des affaires qui ne nous concernent pas. Réfléchissez bien à la valeur que vous accordez à votre propre volonté. Ne serait-ce que pour cette raison, pensez que vous ne devriez pas la vendre pour un prix dérisoire. Les qualités de Socrate et de ses semblables peuvent être grandes et exceptionnelles. Mais si nous sommes naturellement portés vers ces qualités, pourquoi n'y a-t-il pas beaucoup plus d'individus qui lui ressemblent ? Tous les chevaux deviennent-ils automatiquement des coureurs rapides ? Tous les chiens sont-ils naturellement doués pour suivre des traces de pas ? "Alors, si je suis naturellement peu inspirant, ne devrais-je pas faire un effort ? Certainement pas. Épictète ne dépasse peut-être pas Socrate, mais s'il n'est pas inférieur, cela me suffit. Je ne serai peut-être jamais un champion comme Milo, mais je prends soin de mon corps. Je ne serai peut-être jamais aussi riche que Crésus, mais je gère mes biens. Bref, nous ne négligeons aucun aspect de notre vie simplement parce que nous n'atteindrons peut-être jamais le sommet de la réussite.

# CHAPITRE 2 — Comment une personne peut maintenir son caractère propre en toute occasion

> **De la leçon...**
>
> Adoptez la rationalité et rejetez l'irrationalité, car c'est grâce à ce discernement que nous découvrons la véritable valeur et le but de la vie.

> **À l'action !**

(1) Observer et reconnaître que le rationnel est tolérable et que l'irrationnel est intolérable.

(2) Comprendre que ce qui est rationnel et irrationnel peut varier d'un individu à l'autre.

(3) Pratiquer la discipline pour apprendre à adapter le concept de rationalité et d'irrationalité à différentes situations.

(4) Tenez compte à la fois des circonstances extérieures et des valeurs personnelles pour déterminer ce qui est rationnel et irrationnel.

(5) Comprendre la valeur de différentes actions et de différents intérêts par rapport à son propre bien-être.

(6) Reconnaître l'importance de l'individualité et de la défense de ses principes, même si cela va à l'encontre des normes sociétales.

(7) Accepter les conséquences de ses choix et de ses actes sans crainte ni regret.

(8) Cherchez à être un exemple brillant ou une source d'inspiration pour les autres, tout comme la couleur violette ressort dans un vêtement.

(9) Embrasser et incarner son caractère et ses valeurs, même face à l'adversité.

(10) Se discipliner pour développer et reconnaître ses forces et ses capacités personnelles.

(11) Se préparer et s'entraîner à relever les défis et à saisir les opportunités, plutôt que de s'y engager de manière impulsive.

(12) Réfléchir à la valeur et à l'importance de son testament, et s'interroger sur l'intérêt de le vendre, quel qu'en soit le prix.

(13) Reconnaître que la grandeur n'est peut-être pas à la portée de tout le monde, mais cela ne signifie pas que l'on doive négliger l'amélioration de soi et les efforts.

(14) S'efforcer d'atteindre son plein potentiel et son meilleur niveau personnel, même s'il ne s'agit pas de la perfection absolue.

# CHAPITRE 2 — Comment une personne peut maintenir son caractère propre en toute occasion

(15) Prendre soin de soi physiquement, mentalement et matériellement, même si l'on ne vise pas des réalisations extraordinaires.

# CHAPITRE 3

## — Comment partir du principe que Dieu est le père de tous les hommes pour aller vers le reste

Embrassez votre véritable origine, car c'est la clé qui vous permettra de bannir toute pensée d'insignifiance. Si l'on accepte pleinement l'idée que nous sommes tous des descendants du divin, dieux et hommes, alors toute notion de médiocrité sera chassée de notre esprit. Imaginez que vous soyez adopté par César ; ne seriez-vous pas rongé par l'arrogance ? De même, si vous saviez que vous êtes le fils de Zeus, ne seriez-vous pas rempli d'orgueil ? Pourtant, nous résistons à ces tentations. Dans l'existence humaine, l'animalité et la raison s'entremêlent, créant un choix entre une existence mortelle douloureuse et une existence divine joyeuse. Malheureusement, la majorité d'entre eux succombent à la première, se dépréciant eux-mêmes tout en ignorant leur plus grand potentiel. Ils ne se considèrent que comme de misérables créatures enveloppées de chair. Mais vous possédez quelque chose de bien plus grand que votre forme physique. Alors pourquoi négliger votre véritable essence au profit de ce simple vaisseau ? Méfiez-vous, car succomber au lien primitif avec la chair peut pousser certains à la duplicité et à la malveillance, les transformant en loups ou en lions sauvages. Pourtant, la grande majorité d'entre nous devient un renard, voire pire. En effet, qu'est-ce qu'un calomniateur ou un individu malin si ce n'est un misérable animal ? Je vous demande donc de tenir compte de cet avertissement et de ne pas devenir l'un de ces êtres pitoyables.

## Accueillir notre potentiel divin

Si un homme embrassait vraiment la croyance que nous sommes tous des descendants de Dieu d'une manière unique, et que Dieu est le père des humains et des dieux, alors il ne nourrirait jamais de pensées basses ou dévalorisantes à son égard. En revanche, si César vous adoptait, personne ne pourrait tolérer votre arrogance. Et si vous saviez que vous êtes la progéniture de Zeus, ne seriez-vous pas rempli d'orgueil ? Pourtant, nous n'agissons pas de la sorte ; au contraire, comme la création de l'homme est une combinaison du corps physique animal et des qualités divines de la raison et de l'intellect, beaucoup penchent vers le côté pitoyable et mortel de notre nature, tandis que seuls quelques-uns embrassent l'aspect divin et bienheureux. Ainsi, puisque chacun est contraint de se conformer à sa propre perception, les quelques personnes qui croient avoir été créées pour la loyauté, la modestie et l'utilisation judicieuse des apparences n'entretiennent pas de pensées triviales ou viles à leur sujet. En revanche, la majorité adopte la position inverse. Elle déclare : "Que suis-je ? Un être humain pitoyable et misérable avec ce misérable morceau de chair". Oui, c'est peut-être misérable, mais vous possédez quelque chose de bien supérieur à votre enveloppe physique. Alors pourquoi négliger ce qui est supérieur et s'attacher à ce qui est inférieur ?

Par cette affiliation au corps physique, certains d'entre nous qui y sont enclins deviennent comme des loups - sans foi, perfides et espiègles. D'autres deviennent des lions, sauvages et indomptés. Mais la majorité d'entre nous deviennent des renards et d'autres créatures encore plus dégradées. En effet, que peut-on dire d'un calomniateur ou d'un individu malveillant si ce n'est qu'il ressemble à un renard ou à une autre créature misérable et inférieure ? Soyez donc vigilants et veillez à ne pas devenir l'un de ces êtres pitoyables.

# CHAPITRE 3 — Comment partir du principe que Dieu est le père de tous les hommes pour aller vers le reste

> **De la leçon...**
>
> Embrassez votre nature divine et rejetez les pensées et les comportements négatifs qui découlent de votre lien avec la chair mortelle.

> **À l'action !**

(1) Réfléchissez à la croyance selon laquelle nous descendons tous de Dieu et que Dieu est le père des humains et des dieux. Adoptez cette croyance pour cultiver une image positive de vous-même et éviter d'avoir des pensées basses ou ignobles sur vous-même.

(2) Reconnaissez que si quelqu'un d'important comme César vous adoptait, il serait inacceptable de devenir arrogant. De même, la compréhension de votre héritage divin en tant que fils de Zeus ne doit pas conduire à un orgueil excessif.

(3) Comprenez que l'humanité possède à la fois des corps physiques partagés avec les animaux et une raison et une intelligence partagées avec les dieux. Choisissez d'embrasser l'aspect divin de votre nature, qui mène au bonheur, plutôt que l'aspect mortel et misérable.

(4) Réalisez que chacun utilise chaque chose en fonction de ses croyances et de ses opinions. Ceux qui croient à la fidélité, à la modestie et au bon usage des apparences ont une image positive d'eux-mêmes et ne se considèrent pas comme méchants ou ignobles.

(5) Remettez en question la notion selon laquelle vous n'êtes qu'un "pauvre homme misérable" défini par votre corps physique. Reconnaissez que vous possédez quelque chose au-delà de votre chair qui est meilleur et qu'il ne faut pas négliger.

(6) Évitez de vous aligner sur des qualités ou des comportements négatifs associés à la parenté de la chair, tels que l'incrédulité, la perfidie, la malice, la sauvagerie ou l'indomptabilité.

(7) S'abstenir de toute calomnie et de tout comportement malveillant, qui s'apparente aux agissements d'un renard ou d'autres animaux misérables et méchants.

(8) Faites un effort conscient pour ne pas devenir l'un de ces êtres misérables et efforcez-vous plutôt de cultiver des qualités et des actions positives.

# CHAPITRE 4

## — De progrès ou d'amélioration

Dans la poursuite du progrès et du bonheur, il faut d'abord comprendre les enseignements des philosophes concernant le désir et l'aversion. En reconnaissant que le véritable contentement ne peut être atteint qu'en obtenant les résultats souhaités et en évitant les circonstances indésirables, on peut éliminer les désirs excessifs et se concentrer uniquement sur le contrôle de sa propre volonté. Ce processus implique de diriger l'aversion uniquement vers les choses que l'on peut contrôler, car tenter d'éviter les facteurs externes peut conduire au malheur. La vertu, qui promet la tranquillité et la bonne fortune, est le but ultime, et tout progrès réalisé dans ce sens est un progrès vers une vie épanouie. Cependant, il est important de faire la différence entre le progrès dans la vertu et le progrès dans d'autres domaines de la vie, car le premier conduit à une véritable amélioration et à la tranquillité, tandis que le second ne peut apporter que des gains superficiels. La clé de l'amélioration réside dans la gestion du désir et de l'aversion, afin de ne pas être déçu ou trompé. Il est donc essentiel de se concentrer sur l'autodiscipline, l'adhésion à la nature et l'alignement de ses actions sur les principes moraux pour réaliser de véritables progrès.

### L'importance de la vertu et du progrès véritable

Celui qui progresse, ayant appris des philosophes que le désir signifie le désir des bonnes choses, et l'aversion signifie l'aversion des mauvaises choses ; ayant aussi appris que le bonheur et la tranquillité

# CHAPITRE 4 — De progrès ou d'amélioration

ne peuvent être atteints par l'homme autrement qu'en ne manquant pas d'obtenir ce qu'il désire et en ne tombant pas dans ce qu'il voudrait éviter ; un tel homme écarte complètement de lui le désir et le reporte, mais n'applique son aversion qu'aux choses qui dépendent de sa volonté. Car s'il essaie d'éviter tout ce qui échappe à son contrôle, il sait qu'il rencontrera parfois ce qu'il veut éviter, et il sera malheureux. Or, si la vertu promet la bonne fortune, la tranquillité et le bonheur, il est certain que le progrès vers la vertu est un progrès vers chacune de ces choses. Il est toujours vrai que le progrès est une approche vers le but auquel le perfectionnement d'une chose nous conduit.

Comment donc admettre que la vertu est telle, comme je l'ai dit, et pourtant chercher le progrès dans d'autres choses et en faire étalage ? Quel est le produit de la vertu ? La tranquillité. Qui donc améliore les choses ?

A-t-il lu de nombreux ouvrages de Chrysippe ? Cependant, la compréhension définit-elle la vertu ?

Chrysippus ? Si tel est le cas, le progrès consiste simplement à acquérir une connaissance approfondie de Chrysippe. Cependant, nous reconnaissons maintenant que la vertu ne produit qu'une seule chose, et nous affirmons que s'en rapprocher est une question distincte, à savoir le progrès ou l'amélioration. "Une telle personne, dit quelqu'un, peut déjà lire Chrysippe de façon autonome. Vraiment, monsieur, vous faites des progrès significatifs. Quel genre de progrès ? Mais pourquoi ridiculiser cet homme ? Pourquoi détourner son attention de ses propres malheurs ? Ne lui montrez-vous pas l'impact de la vertu afin qu'il apprenne à s'améliorer ? Cherche là, malheureuse âme, où sont tes efforts. Et où se trouvent vos efforts ? Dans le désir et l'aversion, pour ne pas être déçu par ses désirs et ne pas tomber dans ce que l'on veut éviter ; dans la poursuite et l'évitement, pour ne pas commettre d'erreurs ; dans l'accord et le refus, pour ne pas être trompé. Les premières choses, les plus essentielles, sont celles que j'ai mentionnées. Mais si, avec crainte et tristesse, vous ne vous efforcez pas d'éviter ce que vous détestez, dites-moi, comment progressez-vous ?

## CHAPITRE 4 — De progrès ou d'amélioration

Me montrez-vous alors que vous avez progressé dans ces domaines ? Si je parlais à un athlète, je lui dirais : "Montre-moi tes épaules" ; il pourrait alors me répondre : "Voici mes haltères". Vous et vos haltères regardez cela. Je devrais répondre : "Je souhaite voir les effets des haltères." Ainsi, lorsque vous dites : "Prends le traité sur les puissances actives et vois comment je l'ai étudié", je réponds : "Esclave, je ne m'enquiers pas de cela, mais de la façon dont tu exerces la poursuite et l'évitement, le désir et l'aversion, la façon dont tu te conçois et te prépares, si c'est conforme à la nature ou non. Si c'est le cas, apportez-en la preuve et je reconnaîtrai vos progrès. Mais si ce n'est pas le cas, partez et ne vous contentez pas d'expliquer vos livres, mais écrivez vous-même de tels livres, et qu'en tirerez-vous ? Ne savez-vous pas que le livre entier ne coûte que cinq deniers ? L'auteur de l'explication ne vaut-il donc pas plus que cinq deniers ? C'est pourquoi il ne faut jamais chercher la matière elle-même dans un endroit et progresser vers elle dans un autre". Où est donc le progrès ? Si l'un de vous, se détournant des choses extérieures, se concentre sur sa propre volonté pour l'exercer et la perfectionner par un travail assidu, afin de la rendre conforme à la nature, élevée, libre, sans restriction, sans entrave, loyale et humble ; et s'il a appris que celui qui désire ou évite les choses qui ne dépendent pas de lui ne peut être ni loyal ni libre, mais doit au contraire changer avec elles et être ballotté par elles comme dans une tempête, et doit nécessairement se soumettre à d'autres qui ont le pouvoir d'obtenir ou d'empêcher ce qu'il désire ou veut éviter ; enfin, lorsqu'il se lève le matin, s'il suit et adhère à ces principes, se baigne comme un fidèle, mange comme un humble ; de la même manière, si dans chaque situation qui se présente, il travaille ses principes fondamentaux comme un coureur le fait avec la course, et comme un entraîneur de voix le fait avec la voix. C'est cette personne qui progresse vraiment et qui n'a pas voyagé en vain. Mais s'il s'est efforcé de lire des livres, qu'il n'a fait que cela et qu'il a voyagé pour cette raison, je lui dis de rentrer immédiatement chez lui et de ne pas négliger ses affaires là-bas ; pour cette raison, son voyage n'a pas de sens. Mais l'autre chose, c'est d'étudier comment une personne peut débarrasser sa vie des lamentations et des gémissements, et

## CHAPITRE 4 — De progrès ou d'amélioration

dire : "Malheur à moi" et "Je suis malheureux", et aussi la débarrasser des malheurs et des déceptions, et apprendre ce que sont la mort, l'exil et la prison, de sorte qu'il puisse dire quand il est enchaîné : "Cher Criton, si c'est la volonté des dieux, qu'il en soit ainsi" ; et ne pas dire : "Je suis malheureux, un vieil homme ; ai-je préservé mes cheveux gris pour cela ?" Qui dit cela ? Penses-tu que je vais nommer une personne sans réputation et de basse condition ? Priam ne dit-il pas cela ? N'est-ce pas le cas d'Œdipe ? En fait, tous les rois le disent ! Car qu'est-ce que la tragédie si ce n'est les troubles des hommes qui apprécient les choses extérieures dépeintes dans ce type de poésie ? Mais s'il faut apprendre par la fiction que les choses extérieures indépendantes de la volonté ne nous concernent pas, pour ma part, j'aimerais cette fiction, grâce à laquelle je pourrais vivre heureux et tranquille. Mais c'est à vous de décider ce que vous désirez.

Que nous enseigne Chrysippe ? La réponse est de comprendre que ces choses ne sont pas fausses, d'où découlent le bonheur et la tranquillité. Prenez mes livres, et vous découvrirez à quel point les choses qui me libèrent des troubles sont vraies et conformes à la nature. Oh, quelle chance extraordinaire ! Oh, le grand bienfaiteur qui nous montre le chemin ! A Triptolème, tous les hommes ont construit des temples et des autels parce qu'il nous a procuré la nourriture par la culture. Mais pour celui qui a découvert la vérité, l'a mise en lumière et l'a partagée avec tous - non pas la vérité qui nous enseigne comment vivre, mais comment bien vivre - quelqu'un parmi vous a-t-il construit un autel, un temple, ou consacré une statue ? Quelqu'un adore-t-il Dieu pour cette raison ? Nous sacrifions aux dieux parce qu'ils nous ont donné du vin et du blé, mais ne remercierons-nous pas Dieu d'avoir produit dans l'esprit humain le fruit qui devait révéler la vérité sur le bonheur ?

**De la leçon...**

Concentrez-vous sur l'amélioration de votre volonté et de vos désirs, en les alignant sur la nature, et en donnant la priorité à la croissance interne plutôt qu'aux réalisations ou aux connaissances externes.

## CHAPITRE 4 — De progrès ou d'amélioration

### À l'action !

(1) Apprenez des philosophes que le désir signifie le désir de bonnes choses, et que l'aversion signifie l'aversion des mauvaises choses.

(2) Reconnaissez que le bonheur et la tranquillité ne peuvent être obtenus qu'en ne manquant pas d'obtenir ce que vous désirez et en évitant ce que vous voulez éviter.

(3) Supprimez complètement le désir et repoussez-le, en n'utilisant l'aversion que pour les choses qui dépendent de votre volonté.

(4) Comprenez que le progrès vers la vertu est un progrès vers la bonne fortune, la tranquillité et le bonheur.

(5) Concentrez-vous sur l'amélioration du désir et de l'aversion, de la poursuite et de l'évitement, de l'assentiment et de la suspension de l'assentiment afin d'éviter la déception et la tromperie.

(6) Veillez à exercer votre volonté et à l'améliorer en la rendant conforme à la nature, élevée, libre et sans contrainte.

(7) Reconnaître que les progrès ne se mesurent pas simplement par la lecture de livres ou l'acquisition de connaissances, mais par l'application et la mise en pratique des principes dans la vie de tous les jours.

(8) Efforcez-vous de débarrasser votre vie des lamentations, des gémissements et des malheurs, et apprenez à accepter et à faire la paix avec la mort, l'exil, la prison et le poison.

(9) Comprendre que les choses extérieures indépendantes de la volonté ne nous concernent pas vraiment et se concentrer sur ce qui apporte bonheur et tranquillité.

(10) Appréciez les enseignements de philosophes tels que Chrysippe, mais rappelez-vous que la véritable valeur réside dans la connaissance de la manière de bien vivre, et pas seulement dans l'acquisition de la connaissance elle-même.

(11) Envisagez de construire des autels, des temples ou des statues, ou d'adorer Dieu pour la découverte et la communication de la vérité relative au bonheur.

# CHAPITRE 5

## — Contre les universitaires

Dans un monde où l'opposition à des vérités indéniables peut entraver le progrès, Épictète soulève une question importante : comment convaincre ceux qui restent obstinés même lorsqu'ils sont confrontés à des preuves irréfutables ? Il affirme que ce défi ne provient pas de la force de l'opposition, mais plutôt d'un durcissement de l'entendement et d'un manque de honte. Beaucoup craignent l'inconfort physique, mais ne prêtent guère attention à la mortification de l'âme. Si certains individus sont incapables de comprendre, d'autres choisissent consciemment d'ignorer ou de résister à la vérité, s'enfonçant plus profondément dans un état d'apathie, voire de décadence morale. Dans cette exploration de la nature humaine, Épictète nous invite à examiner les conséquences d'une telle résistance, mettant en lumière les dangers d'une conscience endormie et d'un sens affaibli de l'intégrité personnelle.

### L'importance de la persuasion et de l'ouverture d'esprit

Si un homme s'oppose à des vérités évidentes, disait Épictète, il n'est pas facile de trouver des arguments qui le feront changer d'avis. Cependant, ce défi ne découle pas de la force de l'homme ou de la faiblesse de l'enseignant. Lorsqu'un homme s'entête même après qu'on lui a prouvé qu'il avait tort, il devient difficile de le convaincre par l'argumentation. Il existe deux types d'endurcissement : l'endurcissement de l'esprit et l'endurcissement du sentiment de honte. Certains individus refusent d'accepter l'évidence et s'obstinent à se contredire. Alors que la plupart d'entre nous craignent l'humiliation physique et prennent des mesures pour l'éviter, nous négligeons l'humiliation de notre âme. En effet, lorsqu'il s'agit de l'âme, si une personne manque de compréhension et de perception, nous la considérons comme étant dans un état négatif. Par contre, si le sens de la honte et de la pudeur est diminué, nous le percevons comme une démonstration de puissance.

Comprenez-vous que vous êtes éveillé ? "Non, répond l'homme, car je ne me rends même pas compte, lorsque je rêve, que je crois être éveillé. Cette perception ne diffère-t-elle donc pas des autres ? "Pas du tout, répond-il. Dois-je encore discuter avec cet homme ? Et quelle méthode ou quelle force dois-je utiliser pour lui faire sentir qu'il est engourdi ? Il perçoit, mais il fait semblant de ne pas percevoir. Il est encore pire qu'une personne sans vie. Il ne voit pas la contradiction : il est dans un état épouvantable. Une autre personne le voit, mais reste impassible et ne montre aucune amélioration : elle est même dans un état pire. Sa pudeur est éradiquée, ainsi que son sentiment de honte, et sa rationalité ne lui a pas été enlevée, mais elle a été déshumanisée. Faut-il appeler cela de la persévérance ? Certainement pas, à moins qu'on ne l'appelle aussi chez les hommes efféminés, qui font et disent tout ce qui leur plaît en public.

### De la leçon...

Faites face aux vérités évidentes et ne durcissez pas votre compréhension ou votre sens de la honte, car cela ne vous conduira qu'à un mauvais état et à une situation pire que celle d'un homme mort.

### À l'action !

(1) Reconnaître qu'il n'est pas facile de changer l'opinion de quelqu'un qui s'oppose à des vérités évidentes.
(2) Comprenez que cette difficulté n'est pas due à la force de la personne ou à la faiblesse de l'enseignant.
(3) Reconnaître que certaines personnes durcissent leur compréhension et leur sentiment de honte, refusant d'accepter ce qui est évident ou de cesser de se contredire.

(4) Réfléchissez au fait que de nombreuses personnes craignent la mortification physique mais négligent la mortification de l'âme.
(5) Considérons que lorsqu'une personne est incapable de comprendre ou de saisir quoi que ce soit, cela signifie un état négatif pour l'âme.
(6) Réalisez que si le sens de la honte et de la pudeur de quelqu'un est étouffé, cela est considéré comme une forme de pouvoir.
(7) S'interroger sur la validité d'une discussion avec quelqu'un qui prétend ne pas comprendre, même lorsqu'il est éveillé.
(8) Comprenez que la perception de cette personne diffère de celle des autres et qu'elle peut ne pas reconnaître cette différence elle-même.
(9) Réfléchissez aux limites du raisonnement avec une personne qui nie sa propre perception.
(10) Explorer d'autres approches, telles que l'utilisation du feu ou du fer comme métaphores, pour aider une personne à reconnaître son état d'impuissance.
(11) Identifiez l'individu qui est conscient de la contradiction mais qui reste impassible et stagnant comme étant dans une situation pire.
(12) Reconnaître que la pudeur et le sentiment de honte de la personne ont été éradiqués et que sa faculté rationnelle a été dégradée.
(13) Considérez les implications d'un tel état sur la force d'esprit et la rationalité de l'individu.

# CHAPITRE 6

## — De la providence

Soyez témoin de la profonde interconnexion du monde, où la conception complexe de la création se déploie avec détermination et ingéniosité. Dans cette tapisserie de l'existence, la Providence se révèle à ceux qui possèdent un œil perspicace et un cœur reconnaissant. Au sein de ce grand dessein, la faculté de vision se fond harmonieusement dans les teintes vibrantes de la vie, nous invitant à contempler l'œuvre d'une puissance supérieure. Alors que nous naviguons dans le domaine des expériences sensorielles, notre compréhension façonne et transforme les impressions, révélant des aperçus de l'art divin qui nous entoure. Dépassant la simple satisfaction des besoins instinctifs, l'humanité est appelée à embrasser une vocation plus élevée - être non seulement des observateurs, mais aussi des interprètes des merveilles qui se déploient devant nous. Ainsi, ne nous contentons pas de dériver passivement dans l'existence, mais lançons-nous dans une quête de véritable illumination, car c'est dans cette quête que réside le but et l'accomplissement de notre être.

### Le pouvoir de la perception et de la gratitude

À partir de tout ce qui existe ou se produit dans le monde, il est facile de louer la Providence, à condition de posséder deux qualités : la capacité de percevoir ce qui concerne tous les individus et toutes les choses, et une disposition reconnaissante. Sans ces qualités, une personne peut ne pas reconnaître le but et l'occurrence des choses, tandis qu'une autre peut ne pas les apprécier même si elle en est consciente. Si Dieu avait créé les couleurs mais pas la capacité de les voir, à quoi serviraient-elles ? Aucune. De même, s'Il avait accordé la faculté de voir mais n'avait pas créé les objets qui peuvent être perçus, à quoi cela servirait-il ? À rien du tout. Supposons maintenant qu'Il ait créé les deux, mais qu'Il ne nous ait pas donné la lumière. Dans ce cas, elles seraient encore inutiles. Alors, qui est responsable de l'appariement d'une chose avec une autre ? Qui a relié le couteau à son étui ? Personne ? En effet, lorsque nous observons la conception complexe de choses achevées, nous en déduisons qu'elles ont été fabriquées par un artificier et non au hasard. Les choses visibles, la faculté de voir et la lumière ne démontrent-elles pas cet artificier ? L'existence de l'homme et de la femme, leur désir d'union et leur capacité à utiliser leurs parties respectives ne révèlent-ils pas aussi l'ouvrier ? Si ce n'est pas le cas, contemplons notre entendement, grâce auquel nous recevons non seulement des impressions d'objets sensibles, mais sélectionnons, soustrayons, ajoutons et combinons des éléments de ces objets pour créer quelque chose qui leur ressemble. Cela ne devrait-il pas suffire à stimuler certains individus et à les empêcher de négliger l'ouvrier ? Si ce n'est pas le cas, ils doivent nous expliquer comment chaque chose est fabriquée ou comment il est possible que des créations aussi merveilleuses, ressemblant à des objets d'art, existent simplement par hasard ou par leur propre mouvement.

Que sont donc ces choses faites en nous seulement ? Il y en a beaucoup, en effet, qui ne se font qu'en nous, et dont l'animal rationnel avait un besoin particulier. Cependant, vous trouverez de nombreux points communs entre nous et les animaux irrationnels. Comprennent-ils ce qui est fait ? En aucun cas. L'usage est une chose, la compréhension en est une autre. Dieu avait besoin des animaux irrationnels pour se servir des apparences, mais il avait besoin de nous pour comprendre l'usage des apparences. Il leur suffit donc de manger, de boire, de dormir, de copuler et de faire toutes les autres choses qu'ils font. Mais pour nous, à qui il a aussi donné la faculté, ces choses ne sont pas suffisantes. Si nous n'agissons pas de manière appropriée et ordonnée, selon la nature et la constitution de chaque chose, nous n'atteindrons jamais notre véritable but. Les différentes constitutions des êtres vivants se traduisent par des actes et des fins différents. Chez les animaux dont la constitution n'est adaptée qu'à l'usage, l'usage seul suffit. Mais chez un animal qui a aussi le pouvoir de comprendre l'usage, sans l'exercice approprié de l'entendement, il n'atteindra jamais sa fin propre. Dieu a donc assigné un but à chaque animal : l'un pour être mangé, l'autre pour l'agriculture, l'autre pour produire du fromage, et un autre pour un usage similaire. À ces fins, quel besoin y a-t-il de comprendre les apparences et de pouvoir les distinguer ? Cependant, Dieu a fait de l'homme un spectateur de lui-même et de ses œuvres, non seulement un spectateur mais aussi un interprète. Il est donc honteux pour l'homme de commencer et de finir là où les animaux irrationnels le font. Au contraire, l'homme devrait commencer là où ils commencent et finir là où la nature finit en nous - la contemplation et la compréhension - dans un mode de vie qui s'aligne sur la nature. Veillez donc à ne pas mourir sans avoir été témoins de ces choses.

Mais si vous vous rendez à Olympie pour voir l'œuvre de Phidias, vous pensez tous qu'il serait malheureux de mourir sans avoir vu de telles choses. Mais lorsqu'il n'est pas nécessaire de voyager et que l'on se trouve déjà dans un lieu où l'on a devant soi les œuvres de Dieu, n'a-t-on pas envie de les voir et de les comprendre ? Ne percevriez-vous pas qui vous êtes, ce pour quoi vous êtes né, ou ce qu'est cette vie pour laquelle vous avez reçu le don de la vue ? Je sais que vous pouvez dire : "Il y a des choses désagréables et ennuyeuses dans la vie". Mais n'y en a-t-il pas à Olympie ? Le soleil ne vous brûle-t-il pas ? N'êtes-vous pas surpeuplés ? Ne manquez-vous pas d'installations sanitaires confortables ? N'êtes-vous pas mouillé lorsqu'il pleut ? Ne subissez-vous pas des bruits excessifs, des clameurs et d'autres choses désagréables ? Cependant, je suppose que, compte tenu de la grandeur du spectacle, vous êtes prêts à endurer et à supporter toutes ces choses.

N'avez-vous donc pas reçu les facultés qui vous permettront de supporter tout ce qui arrivera ? N'avez-vous pas reçu la grandeur d'âme ? N'avez-vous pas reçu la virilité ? N'avez-vous pas reçu l'endurance ? Et pourquoi me préoccuper de tout ce qui peut arriver si je possède la grandeur d'âme ? Qu'est-ce qui peut distraire mon esprit, me troubler ou me paraître pénible ? N'utiliserai-je pas ce pouvoir aux fins pour lesquelles je l'ai reçu, et m'affligerai-je et me lamenterai-je sur ce qui arrive ?

Oui, mais mon nez coule. Alors, esclave, à quoi servent tes mains ? N'est-ce pas pour t'essuyer le nez ? Est-il donc raisonnable que le nez coule dans le monde ? Non, il vaut mieux s'essuyer le nez que de trouver des fautes. Imaginez ce qu'aurait été Hercule sans les lions, les hydres, les cerfs, les sangliers et les hommes injustes et bestiaux qu'il devait chasser. Qu'aurait-il fait s'il n'y avait pas eu de tels défis ? Il est évident qu'il se serait emmitouflé et aurait dormi. D'abord, il n'aurait pas été Hercule s'il avait passé sa vie à rêver dans le luxe et l'aisance. Et même s'il avait été Hercule, à quoi aurait-il servi ? À quoi auraient servi ses bras, sa force, son endurance et sa noblesse d'âme si les circonstances ne l'avaient pas réveillé et mis à l'épreuve ? Alors, un homme doit-il se doter de lions, de sangliers et d'hydres pour s'exercer ? Ce serait stupide et insensé. Mais puisqu'ils ont existé et qu'on les a trouvés, ils ont été utiles pour montrer qui était Hercule et pour le mettre à l'épreuve.

Viens donc, toi aussi, après avoir observé ces choses, regarde les facultés que tu as et, après les avoir regardées, dis : "Apporte maintenant, ô Zeus, toute difficulté qui te plaira, car j'ai des moyens que tu m'as donnés et des pouvoirs pour m'honorer à travers les choses qui arrivent." Vous ne le faites pas, mais vous restez assis, tremblant de peur que certaines choses n'arrivent, et pleurant, se lamentant et gémissant pour ce qui arrive ; puis vous blâmez les dieux. Car quelle est la conséquence d'une telle mesquinerie si ce n'est l'impiété ? Or, non seulement Dieu nous a donné ces facultés qui nous permettent de supporter tout ce qui arrive sans en être déprimés ni brisés, mais, comme un bon roi et un vrai père, il nous a donné ces facultés libres de toute entrave, sans contrainte, sans entrave, et il les a mises entièrement en notre pouvoir, sans même s'être réservé le pouvoir d'entraver ou de gêner. Vous, qui avez reçu ces pouvoirs librement et comme vôtres, vous ne les utilisez pas ; vous ne voyez même pas ce que vous avez reçu et de qui ; les uns, aveugles au donateur, ne reconnaissent même pas leur bienfaiteur, et

# CHAPITRE 6 — De la providence

les autres, par mesquinerie, se livrent à la recherche des fautes et à l'accusation de Dieu. Je vous montrerai pourtant que vous avez des pouvoirs et des moyens pour la grandeur d'âme et la virilité, mais quels pouvoirs avez-vous pour trouver des fautes et porter des accusations, montrez-le moi.

## De la leçon...

Embrassez et appréciez les talents et les bénédictions que vous avez, reconnaissez le sens et la splendeur de chaque aspect de la vie, et utilisez votre pouvoir inné et votre résilience pour faire face aux défis avec courage et appréciation.

## À l'action !

(1) Cultiver la capacité de voir ce qui appartient et arrive à toutes les personnes et à toutes les choses.
(2) Développez un état d'esprit reconnaissant et pratiquez la gratitude pour les choses qui arrivent.
(3) Reconnaître le but et l'utilisation des choses dans le monde.
(4) Reconnaître l'existence d'une puissance supérieure ou d'un créateur divin.
(5) Comprendre que les choses visibles, la faculté de voir et la lumière démontrent l'œuvre d'un créateur.
(6) Réfléchissez à la conception et à la raison d'être de l'homme et de la femme, ainsi qu'à leur désir de conjonction.
(7) Utiliser les facultés de compréhension et de sélection des impressions des objets sensibles.
(8) N'oubliez pas l'ouvrier qui se cache derrière les créations et les phénomènes du monde.
(9) Reconnaître qu'il existe des besoins communs entre les humains et les animaux irrationnels, mais aussi comprendre l'importance du pouvoir de compréhension chez les humains.
(10) Agir de manière appropriée et ordonnée, en se conformant à la nature et à la constitution de chaque chose, pour atteindre notre véritable but.
(11) Ne vous contentez pas d'une vie semblable à celle des animaux irrationnels, mais cherchez à atteindre un but plus élevé par la contemplation et la compréhension.

(12) Cherchez à comprendre ce que nous sommes, ce pour quoi nous sommes nés et la raison d'être de notre faculté de voir.

(13) Exercer les facultés et les pouvoirs donnés par Dieu pour supporter et endurer tout ce qui arrive.

(14) Se concentrer sur l'utilisation de nos pouvoirs aux fins pour lesquelles nous les avons reçus, plutôt que de se plaindre ou de trouver des fautes.

(15) Reconnaître que les difficultés et les défis peuvent servir à exercer et à développer nos facultés et nos pouvoirs.

(16) Faire confiance aux facultés et aux pouvoirs que Dieu nous a donnés pour nous honorer à travers les choses qui arrivent.

(17) Évitez d'être déprimé ou brisé par les événements et considérez-les plutôt comme des opportunités de croissance et de développement.

(18) Reconnaître et apprécier la générosité et la bienveillance de Dieu qui nous a donné ces facultés et ces pouvoirs.

(19) Prendre la responsabilité d'utiliser efficacement nos facultés et nos pouvoirs, car ils sont entièrement sous notre contrôle.

(20) Recherchez la grandeur d'âme et la virilité, plutôt que de succomber à la mesquinerie et à la recherche de la faute.

(21) Reconnaître l'impiété qu'il y a à blâmer les dieux pour notre propre manque d'esprit et notre manque d'appréciation des facultés et des pouvoirs qui nous ont été donnés.

# CHAPITRE 7

## — De l'usage des arguments sophistiques, hypothétiques et autres du même genre

Dans le domaine de l'argumentation, le traitement des arguments sophistiques et hypothétiques, ainsi que ceux qui découlent du questionnement, revêt une grande importance dans notre vie quotidienne, bien que beaucoup en soient inconscients. Chaque question que nous rencontrons nous incite à rechercher la sagesse et les conseils d'individus vertueux afin de découvrir le chemin et la méthode appropriés pour l'aborder. Par conséquent, il est impératif de reconnaître qu'une personne sérieuse devrait s'abstenir de s'engager dans le concours de questions et de réponses, ou si elle y participe, elle doit procéder avec prudence et éviter d'agir de manière hâtive ou imprudente. Toutefois, si aucune de ces options n'est permise, il faut admettre qu'une certaine enquête est nécessaire sur les thèmes couramment utilisés dans les questions et les réponses. Le but ultime du raisonnement, après tout, est d'établir la vérité, de rejeter les faussetés et de refuser l'assentiment aux propositions qui manquent de clarté. Mais suffit-il de comprendre cela ? Non, d'autres connaissances et compétences sont nécessaires pour naviguer efficacement dans les méandres du raisonnement et faire la différence entre les affirmations vraies et les affirmations fausses. Il faut également être capable de discerner les conséquences valables et de comprendre la relation entre les différents éléments d'un

# CHAPITRE 7 — De l'usage des arguments sophistiques, hypothétiques et autres du même genre

argument. Pour éviter d'être trompé par des sophistes qui pourraient exploiter un raisonnement défectueux, il devient essentiel de s'immerger dans la pratique et l'exercice des arguments et des chiffres concluants. Dans certaines situations, malgré des hypothèses ou des prémisses correctement accordées, il peut arriver que le résultat soit faux. Face à ces situations, on peut se demander s'il faut admettre la fausseté, mais un tel aveu s'avère impossible. L'alternative consiste alors à reconnaître que la conséquence ne découle pas des prémisses accordées. Toutefois, cela présente ses propres défis : nous devons soigneusement évaluer si les prémisses restent cohérentes d'un bout à l'autre, et si ce n'est pas le cas, nous devrions revenir sur notre accord initial et refuser d'accepter des conclusions qui ne découlent pas logiquement de notre accord antérieur. C'est par ce processus d'examen et de discernement que nous parviendrons à une compréhension plus profonde de l'argumentation et de son caractère essentiel dans notre vie.

## L'importance d'un raisonnement et d'un questionnement habiles

Le traitement des arguments sophistiques et hypothétiques, ainsi que des arguments dérivés de questions, et en substance, le traitement de tous ces arguments, sont pertinents pour les responsabilités de la vie, bien que beaucoup ne soient pas conscients de cette vérité. Dans tous les cas, nous cherchons à comprendre comment l'individu sage et bon découvrira le bon chemin et l'approche appropriée pour traiter la question. Par conséquent, les gens devraient reconnaître qu'une personne sérieuse ne s'engagera pas dans le concours de questions et de réponses, ou que s'ils y participent, ils prendront grand soin de ne pas se comporter de manière irréfléchie ou imprudente. Toutefois, s'ils n'envisagent aucune de ces possibilités, ils doivent admettre qu'une enquête doit être menée sur les sujets pour lesquels les questions et les réponses sont particulièrement utilisées. Après tout, quel est l'objectif ultime du raisonnement ?

Établir des propositions vraies, éliminer les fausses et refuser l'assentiment à celles qui ne sont pas claires. Est-il donc suffisant de n'avoir appris que cela ? "C'est suffisant", répondra-t-on. Est-il alors également suffisant pour une personne qui souhaite éviter de

# CHAPITRE 7 — De l'usage des arguments sophistiques, hypothétiques et autres du même genre

commettre des erreurs dans l'utilisation de la fausse monnaie d'avoir entendu l'instruction d'accepter les pièces authentiques et de rejeter les fausses ? "Ce n'est pas suffisant. Alors, que faut-il ajouter à cette consigne ? Qu'est-ce d'autre que la capacité de prouver et de distinguer les pièces authentiques des fausses ? Ainsi, dans le raisonnement aussi, ce qui a été dit n'est pas suffisant, mais il est nécessaire qu'une personne acquière la capacité de...

Il est nécessaire d'examiner et de distinguer le vrai du faux, ainsi que ce qui n'est pas clair. En outre, que propose-t-on dans le raisonnement ? Il est proposé d'accepter ce qui découle logiquement de ce que l'on a déjà accordé. Mais suffit-il de le savoir ? Non, ce n'est pas suffisant. Il faut aussi apprendre comment une chose est la conséquence d'autres choses, et quand quelque chose découle d'un seul facteur ou de plusieurs facteurs combinés. Par conséquent, si l'on veut exceller dans le raisonnement, il faut acquérir la capacité de démontrer les différentes choses que l'on a proposées, mais aussi de comprendre les démonstrations présentées par d'autres, sans se laisser abuser par les sophistes qui peuvent essayer de faire passer des arguments fallacieux pour des démonstrations. C'est pourquoi, parmi nous, la pratique et l'exercice de l'utilisation d'arguments concluants et de figures logiques ont été jugés nécessaires.

Mais en fait, dans certains cas, nous avons correctement accordé les prémisses ou les hypothèses, et il en résulte quelque chose. Et même si ce n'est pas vrai, il en résulte néanmoins quelque chose. Que dois-je faire alors ? Dois-je admettre la fausseté ? Et comment cela est-il possible ? Eh bien, dois-je dire que je n'ai pas accordé correctement ce sur quoi nous nous étions mis d'accord ? "Mais vous n'avez pas le droit de faire cela." Devrais-je alors dire que la conséquence ne découle pas de ce qui a été concédé ? "Mais cela non plus n'est pas permis." Que faut-il donc faire dans ce cas ? Considérons si ce n'est pas ceci : il ne suffit pas d'avoir emprunté pour qu'un homme soit encore débiteur, mais il faut encore ajouter le fait qu'il continue à devoir de l'argent et que la dette n'est pas payée. Il ne suffit donc pas de vous obliger à admettre la déduction que vous avez accordée aux prémisses, mais vous devez vous conformer à ce que vous avez accordé.

# CHAPITRE 7 — De l'usage des arguments sophistiques, hypothétiques et autres du même genre

En effet, si les prémisses restent inchangées par rapport au moment où elles ont été accordées, il est nécessaire d'adhérer à ce que nous avons accordé et d'accepter les conséquences qui en découlent. En revanche, si les prémisses ne sont plus vraies, il nous faut également rétracter ce que nous avons accordé et rejeter toute conclusion qui ne découle pas des énoncés initiaux. La déduction n'est plus la nôtre et nous ne pouvons pas l'approuver puisque nous nous sommes retirés des prémisses initiales. Il faut donc examiner les différents types de prémisses et les changements qu'elles subissent lors de l'interrogation, de la réponse ou de la formation de la conclusion syllogistique. Cet examen est important pour éviter les confusions et les raisonnements erronés.

Il en va de même pour les hypothèses et les arguments hypothétiques ; il est parfois nécessaire d'exiger l'acceptation d'une hypothèse pour pouvoir poursuivre l'argumentation. Devons-nous alors accepter toutes les hypothèses proposées, ou devons-nous en rejeter certaines ? Et si ce n'est pas toutes les hypothèses, lesquelles devrions-nous accepter ? Et si une personne a accepté une hypothèse, doit-elle toujours s'y tenir ? Ou doit-elle parfois s'en écarter, tout en acceptant les conséquences et en évitant les contradictions ? Oui, mais que se passe-t-il si quelqu'un dit : "Si vous acceptez la possibilité d'une hypothèse, je vous conduirai à une impossibilité" ? Une personne sensée devrait-elle refuser de s'engager dans un débat avec un tel individu et éviter les discussions avec lui ? Mais qui d'autre qu'une personne sensée est capable de raisonner logiquement, de questionner et de répondre, et d'être à l'abri des arguments fallacieux ? Et si une personne sensée s'engage dans un débat, ne devrait-elle pas être prudente et ne pas s'engager de manière imprudente ou inconsidérée ? Et si elle n'est pas prudente, comment peut-elle être le genre de personne que nous imaginons ? Mais peuvent-ils soutenir une argumentation cohérente et consistante sans un peu d'entraînement et de préparation ? Qu'ils le démontrent et toutes ces spéculations deviennent inutiles, absurdes et incompatibles avec l'idée que nous nous faisons d'un individu vertueux et réfléchi.

Pourquoi sommes-nous encore paresseux, négligents et improductifs ? Pourquoi trouvons-nous constamment des excuses

# CHAPITRE 7 — De l'usage des arguments sophistiques, hypothétiques et autres du même genre

pour éviter le travail et négliger le développement de notre intellect ? "Si je commets une erreur dans ces domaines, est-ce que ce sera comme si j'avais tué mon père ? Esclave, il n'y avait pas de père impliqué dans cette situation pour que tu le tues. Qu'as-tu donc fait de mal ? La seule erreur possible est celle que tu as commise. C'est exactement ce que j'ai dit à Rufus lorsqu'il m'a reproché de ne pas avoir découvert la seule chose manquante dans un certain syllogisme : "Je suppose, lui dis-je, que j'ai brûlé le Capitole." "Esclave", a-t-il répondu, "la chose manquante ici était-elle en fait le Capitole ?" Brûler le Capitole et tuer son père sont-ils les seuls crimes qui existent ? Mais n'est-ce pas aussi une erreur pour une personne d'utiliser sans réfléchir, sans réfléchir et sans se soucier des impressions qui lui sont présentées ? De ne pas comprendre le raisonnement, la démonstration ou le sophisme ? De ne pas reconnaître dans une question et sa réponse ce qui est cohérent avec ce qui a été établi ou ce qui est incohérent ? N'y a-t-il pas là une erreur ?

> **De la leçon...**
>
> Acquérir la capacité de faire la différence entre le vrai et le faux, d'en comprendre les implications et de ne pas tomber dans le piège des sophistes.

> **À l'action !**
>
> (1) Reconnaître l'importance de traiter les arguments sophistiques et hypothétiques dans la vie de tous les jours.
> (2) Acquérir les compétences nécessaires pour gérer efficacement les questions et les réponses.
> (3) Comprendre la méthode appropriée pour traiter les différents types d'arguments.
> (4) S'enquérir des sujets sur lesquels les questions et les réponses sont employées.
> (5) Il s'agit d'établir des propositions vraies, d'éliminer les fausses et de refuser l'assentiment à celles qui ne sont pas claires.
> (6) Allez au-delà de l'apprentissage des principes de base et développez la capacité d'examiner et de distinguer les propositions vraies et fausses.

# CHAPITRE 7 — De l'usage des arguments sophistiques, hypothétiques et autres du même genre

(7) Comprendre comment une chose est la conséquence d'autres choses, et identifier quand une chose découle d'une prémisse unique ou de prémisses multiples.

(8) Acquérir la capacité de démontrer ses propres propositions et de comprendre les démonstrations des autres, y compris la capacité de faire la différence entre un raisonnement authentique et un sophisme.

(9) S'engager dans la pratique et l'exercice d'arguments et de chiffres concluants.

(10) Respecter ce qui a été accordé dans les locaux tout au long du processus de raisonnement.

(11) Être conscient de tout changement ou variation pouvant survenir dans les locaux pendant l'interrogatoire ou la réponse, et y répondre efficacement.

(12) Évaluer correctement et accepter ou refuser des hypothèses dans des arguments hypothétiques.

(13) Se retirer d'une hypothèse si nécessaire, tout en acceptant les conséquences et en évitant les contradictions.

(14) Faire preuve de prudence et d'attention lors de l'argumentation, en veillant à ne pas être irréfléchi ou imprudent.

(15) Cultivez la raison en étant assidu, vigilant et en travaillant activement à l'amélioration de vos capacités de raisonnement.

(16) Évitez d'utiliser les apparences ou de vous y fier aveuglément, mais recherchez plutôt une compréhension plus profonde de l'argumentation, de la démonstration et du sophisme.

(17) Reconnaître le risque d'erreur lié à une mauvaise utilisation du raisonnement et s'efforcer de l'éviter.

# CHAPITRE 8

## — Que les facultés ne sont pas sûres pour ceux qui ne sont pas instruits

Apprenez l'art de modifier les arguments et les enthymèmes avec maîtrise, car il s'agit d'une compétence qui sied parfaitement au philosophe. En modifiant les éléments et les formes équivalents, le philosophe adepte du syllogisme parfait naviguera sans peine dans l'imparfait. Cependant, certains pourraient se demander pourquoi nous ne nous engageons pas dans de tels exercices et discussions. La réponse ne réside pas seulement dans le fait que nos activités actuelles ne font pas progresser notre vertu, mais aussi dans les dangers qui peuvent accompagner une telle maîtrise. Le pouvoir de l'argumentation persuasive, lorsqu'il est associé au langage et à une pratique fréquente, peut instiller l'arrogance et la vanité. En explorant le domaine de la philosophie, nous devons avancer prudemment, en comprenant que si ces capacités peuvent améliorer notre compréhension, elles ne doivent pas devenir la mesure déterminante de notre valeur.

### L'importance de l'argumentation en philosophie

De la même manière que l'on peut modifier des choses équivalentes entre elles, on peut également modifier les formes des arguments et des enthymèmes dans l'argumentation. Pour illustrer cela, prenons l'exemple suivant : "Si tu as emprunté de l'argent mais que tu ne l'as pas remboursé, alors tu me dois de l'argent ; mais si tu n'as pas emprunté du tout et que tu n'as rien remboursé, alors tu ne me dois pas d'argent. Les philosophes sont particulièrement aptes à réaliser ce genre d'exercice, car l'enthymème est essentiellement un syllogisme imparfait. Par conséquent, les personnes qui ont perfectionné leurs compétences en matière de construction de syllogismes parfaits excelleront également dans la création de syllogismes imparfaits.

Pourquoi, alors, ne nous exerçons-nous pas et ne nous exerçons-nous pas les uns les autres de cette manière ? Parce que, réponds-je, actuellement, bien que nous ne soyons pas occupés à ces activités et que nous ne soyons pas distraits de l'étude de la morale, du moins par moi, nous ne faisons toujours pas de progrès dans la vertu. Alors, à quoi devrions-nous nous attendre si nous ajoutions cette occupation ? D'autant plus qu'elle nous détournerait non seulement de choses plus essentielles, mais nous conduirait aussi à la suffisance et à l'arrogance, ce qui ne serait pas une mince affaire. Le pouvoir d'argumentation et de persuasion est grand, surtout s'il est pratiqué de manière extensive et renforcé par un langage éloquent. C'est pourquoi toute compétence acquise par des personnes non formées et faibles comporte le risque qu'elles deviennent orgueilleuses et exagérées. Comment convaincre un jeune homme qui excelle dans ces domaines qu'il ne doit pas se subordonner à eux, mais plutôt les subordonner à lui-même ? Ne rejette-t-il pas tous ces raisonnements et ne se pavane-t-il pas avec arrogance devant nous, refusant toute critique et tout rappel de sa négligence et de sa déviation du droit chemin ?

Pourquoi alors Platon n'a-t-il pas été philosophe ?". Je réponds : "Et Hippocrate n'était-il pas médecin ? Mais vous voyez bien comment parle Hippocrate". Hippocrate parle-t-il ainsi parce qu'il est médecin ? Pourquoi mélange-t-on des choses qui ont été combinées par hasard chez les mêmes personnes ? Et si Platon était beau et fort, dois-je aussi m'efforcer de devenir beau ou fort, comme si cela était nécessaire à la philosophie, simplement parce qu'un certain philosophe était à la fois beau et philosophe ? Ne préférez-vous pas voir et distinguer ce qui fait de quelqu'un un philosophe et les autres choses qu'il possède ? Et si j'étais philosophe, devriez-vous

# CHAPITRE 8 — Que les facultés ne sont pas sûres pour ceux qui ne sont pas instruits

aussi devenir boiteux ? Qu'en est-il alors ? Est-ce que je vous enlève les capacités que vous possédez ? En aucun cas, car je ne vous enlève pas la faculté de voir. Mais si vous me demandez ce qui est bon dans l'homme, je ne peux rien dire d'autre qu'une certaine disposition de la volonté à l'égard des apparences.

### De la leçon...

Exercez-vous à l'argumentation et à la persuasion, mais restez toujours humbles et ancrés dans la vertu.

### À l'action !

(1) Explorer différentes manières de modifier les formes des arguments et des enthymèmes dans l'argumentation.
(2) Développer des compétences dans la construction et la déconstruction de syllogismes imparfaits.
(3) Examiner les raisons pour lesquelles ces compétences d'argumentation ne sont pas exercées et pratiquées plus fréquemment.
(4) Examinez l'impact potentiel de l'ajout de l'argumentation en tant qu'occupation ou activité régulière.
(5) Réfléchir aux dangers de devenir prétentieux et arrogant en raison de la maîtrise de l'argumentation et de la persuasion.
(6) Reconnaître que l'acquisition de compétences en matière d'argumentation peut être une source de fierté et peut conduire à négliger d'autres aspects importants de la vie.
(7) S'interroger sur la nécessité d'associer à la qualité de philosophe des attributs physiques ou des qualités sans rapport avec le sujet.
(8) Comprendre que chaque individu peut exceller dans différents domaines, quelle que soit la profession qu'il a choisie.
(9) Faire la différence entre les qualités ou aptitudes requises pour la philosophie et celles qui peuvent être fortuites ou sans rapport avec elle.
(10) Encourager l'auto-réflexion pour identifier la véritable nature et le but du philosophe.
(11) Souligner l'importance du développement personnel et de la croissance en philosophie, plutôt que de se comparer aux autres.

(12) Reconnaître que chacun possède des facultés et des compétences différentes, et que celles-ci ne doivent pas être supprimées ou dévalorisées.

(13) Considérer le bien de l'homme comme une disposition particulière de la volonté à l'égard des apparences.

# CHAPITRE 9

## — Comment, à partir du fait que nous sommes semblables à Dieu, une personne peut passer aux conséquences

Lorsque l'on explore le lien profond entre Dieu et l'homme, il est essentiel d'examiner les actions de Socrate en tant que premier exemple. Plutôt que de s'aligner sur une ville ou une région spécifique, Socrate a plaidé pour une perspective plus large, celle d'être un citoyen du monde. Cela nous oblige à nous demander pourquoi nous devrions confiner notre identité à un simple lieu géographique alors que notre lien avec le divin englobe toute l'humanité. En comprenant les rouages complexes du monde et la communion particulière que les êtres rationnels entretiennent avec Dieu, on peut à juste titre revendiquer le titre de citoyen du monde, d'enfant de Dieu. Cette prise de conscience nous libère des angoisses et des défis engendrés par des préoccupations mortelles, telles que la peur d'individus influents ou de circonstances extérieures. Même en période de pénurie, alors que nous assistons à l'indépendance des esclaves et des fugitifs qui ne comptent que sur eux-mêmes, un philosophe doit s'abstenir de dépendre des autres et faire plutôt confiance à ses capacités innées. Il est donc de notre responsabilité de cultiver cet état d'esprit dans les jeunes générations, en les guidant vers l'acceptation de leurs origines divines et en rejetant les attachements matériels comme des distractions encombrantes. Un véritable instructeur a le pouvoir d'inculquer cet état d'esprit, en veillant à ce que les individus comprennent la nature temporaire de leur corps physique et de leurs possessions, s'alignent sur la volonté de Dieu et attendent patiemment d'être libérés des contraintes terrestres qui les entravent.

## Vivre en tant que citoyen du monde

Si ce que disent les philosophes sur la parenté entre Dieu et l'homme est vrai, que reste-t-il aux hommes à faire, sinon suivre les traces de Socrate ? À la question de savoir à quel pays vous appartenez, ne vous identifiez jamais comme Athénien ou Corinthien, mais plutôt comme citoyen du monde. Pourquoi prétendre être Athénien, alors qu'en réalité vous n'appartenez qu'au petit coin de terre où vous êtes né ? N'est-il pas plus logique de s'identifier à un lieu qui a une plus grande autorité, qui englobe non seulement ce petit coin et votre famille, mais aussi le pays tout entier dont vos ancêtres sont originaires ? Par conséquent, celui qui a observé le fonctionnement du monde et qui comprend que la communauté la plus complète est constituée à la fois d'hommes et de Dieu, et que tous les êtres sur terre, y compris les êtres rationnels qui ont la capacité de communier avec Dieu, descendent de Lui, pourquoi cette personne ne s'identifierait-elle pas comme un citoyen du monde, un enfant de Dieu ? Et pourquoi devrait-il craindre tout ce qui peut se passer parmi les hommes ? La parenté avec César ou tout autre personnage puissant de Rome suffit-elle à garantir notre sécurité, à nous protéger du mépris et à nous libérer de la peur ? Si nous avons Dieu comme créateur, père et gardien, cela ne devrait-il pas suffire à nous libérer de la tristesse et de l'anxiété ?

Mais un homme peut demander : "Où trouverai-je du pain à manger quand je n'ai rien ?".

Et, comme les esclaves et les fugitifs, sur quoi comptent-ils lorsqu'ils quittent leurs maîtres ? S'appuient-ils sur leurs terres, leurs esclaves ou leurs vases d'argent ? Ils ne comptent que sur eux-mêmes, et la nourriture ne leur fait pas défaut. Faut-il que celui d'entre nous qui est philosophe voyage dans des contrées étrangères, qu'il se fie à d'autres, qu'il compte sur eux, qu'il ne prenne pas soin de lui-même, et qu'il soit inférieur aux animaux irrationnels et plus lâches, dont

# CHAPITRE 9 — Comment, à partir du fait que nous sommes semblables à Dieu, une personne peut passer aux conséquences

chacun, se suffisant à lui-même, ne manque ni de se procurer sa nourriture, ni de trouver un mode de vie convenable et conforme à la nature ? Je pense en effet que le vieillard devrait être assis ici, non pas pour veiller à ce que vous n'ayez pas de pensées mesquines, ni de propos mesquins et ignobles à votre égard, mais pour veiller à ce qu'il n'y ait pas parmi nous de jeunes gens d'un esprit tel que, lorsqu'ils ont reconnu leur parenté avec Dieu, ils ne soient pas capables de s'en servir comme d'une arme, et que nous sommes entravés par ces liens, le corps, je veux dire, et ses possessions, et tout ce qui nous est nécessaire pour l'économie et le commerce de la vie, ils aient l'intention de se débarrasser de ces choses comme d'un fardeau pénible et intolérable, et de s'en aller vers leurs parents. Or, voici le travail auquel votre maître et votre instructeur devraient être employés, s'ils étaient vraiment ce qu'ils devraient être. Tu devrais venir le trouver et lui dire : "Épictète, nous ne pouvons plus supporter d'être liés à ce pauvre corps, de le nourrir, de lui donner à boire, de le reposer, de le nettoyer, et pour le bien du corps de se plier aux désirs de ceux-ci et de ceux-là. Ces choses ne sont-elles pas indifférentes et ne nous concernent-elles pas, et la mort n'est-elle pas un mal ? Ne sommes-nous pas en quelque sorte les parents de Dieu, et ne venons-nous pas de lui ? Laissez-nous partir vers le lieu d'où nous sommes venus ; laissez-nous enfin être libérés de ces liens par lesquels nous sommes attachés et alourdis. Il y a ici des brigands, des voleurs, des cours de justice, et ceux qu'on appelle des tyrans et qui pensent avoir un certain pouvoir sur nous au moyen du corps et de ses biens. Permettez-nous de leur montrer qu'ils n'ont aucun pouvoir sur aucun homme". Quant à moi, je dirais : "Mes amis, attendez Dieu ; lorsqu'il vous donnera le signal et vous libérera de ce service, allez à lui ; mais pour l'instant, continuez à demeurer dans ce lieu où il vous a placés : le temps de votre séjour ici est court, et facile à supporter pour ceux qui sont bien disposés ; car quel tyran, quel voleur, quelles cours de justice sont redoutables pour ceux qui ont ainsi considéré comme des choses sans valeur le corps et les biens du corps ? Attendez donc, ne partez pas sans raison".

C'est ce que l'enseignant devrait dire aux jeunes naïfs. Mais que se passe-t-il maintenant ? Le professeur est sans vie, et vous aussi. Après

## CHAPITRE 9 — Comment, à partir du fait que nous sommes semblables à Dieu, une personne peut passer aux conséquences

avoir été bien nourri aujourd'hui, vous vous asseyez et vous vous inquiétez du lendemain, de la façon dont vous trouverez quelque chose à manger. Imbécile, si tu as quelque chose, tu l'auras ; si tu ne l'as pas, tu mourras. La porte est ouverte. Pourquoi te lamenter ? Où y a-t-il encore de la place pour les larmes ? Et pourquoi quelqu'un aurait-il besoin de flatter quelqu'un d'autre ? Pourquoi une personne devrait-elle en envier une autre ? Pourquoi devrait-on admirer les riches ou les puissants, même s'ils sont très forts et ont un tempérament violent ? Que peuvent-ils nous faire ? Nous ne nous soucierons pas de ce qu'ils peuvent faire, et les choses dont nous nous soucions, ils ne peuvent pas les faire. Comment Socrate s'est-il comporté dans ces situations ? Eh bien, il a agi comme une personne qui devrait croire qu'elle est liée aux dieux. Si vous me dites maintenant, dit Socrate à ses juges, "Nous vous acquitterons à condition que vous cessiez de parler comme vous l'avez fait et que vous n'importuniez plus nos jeunes ou nos vieux", je répondrai : "Vous êtes fous de penser que si l'un de nos commandants m'a confié une tâche précise, il est de mon devoir de la conserver et de la faire respecter, et d'être prêt à mourir mille fois plutôt que de l'abandonner ; mais si Dieu nous a placés dans une position ou un mode de vie quelconque, nous devons l'abandonner". Socrate parle comme une personne qui croit vraiment qu'elle est liée aux dieux. Mais nous ne nous considérons que comme des estomacs et des intestins, et comme nos parties honteuses ; nous craignons, nous désirons ; nous flattons ceux qui peuvent nous aider dans ces domaines, et nous les craignons aussi. Un homme m'a demandé d'écrire à Rome à son sujet, un homme qui, comme la plupart des gens le croyaient, avait connu des temps difficiles. Il était riche et jouissait d'un statut social élevé, mais il a tout perdu et vit aujourd'hui ici. J'ai écrit une lettre en son nom avec humilité, mais quand il l'a lue, il me l'a renvoyée et m'a dit : "Je voulais votre aide, pas votre pitié, il ne m'est rien arrivé de mal. Il ne m'est rien arrivé de mal."

Ainsi, Musonius Rufus me mettait à l'épreuve en me disant : "Il t'arrivera ceci et cela à cause de ton maître". Je répondais qu'il s'agissait de choses qui se produisaient dans le cours normal des affaires humaines. "Pourquoi alors lui demanderais-je quoi que ce soit alors

# CHAPITRE 9 — Comment, à partir du fait que nous sommes semblables à Dieu, une personne peut passer aux conséquences

que je peux l'obtenir de vous ? En effet, il est inutile et insensé de recevoir de quelqu'un d'autre ce que l'on possède déjà. Devrais-je donc, moi qui suis capable d'obtenir de moi-même la grandeur d'âme et la générosité, accepter de vous des terres, de l'argent ou une position d'autorité ? J'espère que non ; je ne serai pas ignorant de mes propres biens. Mais lorsqu'une personne est lâche et mesquine, que peut-on faire de plus pour elle que d'écrire des lettres comme si elle écrivait au sujet d'un cadavre ? "Veuillez nous accorder le corps d'un certain individu et une petite quantité de sang pauvre". Car, en vérité, une telle personne n'est rien d'autre qu'un corps sans vie et une petite quantité de sang. Et s'ils étaient un peu plus, ils comprendraient qu'une personne ne devient pas malheureuse par les actions d'une autre.

### De la leçon...

Reconnaissez votre parenté avec Dieu, libérez-vous des fardeaux du corps et affrontez les défis de la vie avec force et courage.

### À l'action !

(1) Réfléchissez à la parenté entre Dieu et l'homme et examinez les implications de cette relation.

(2) Accepter l'idée d'être un citoyen du monde plutôt que de s'identifier uniquement à son lieu de naissance.

(3) Reconnaître l'autorité et la signification de la grande communauté composée d'hommes et de Dieu.

(4) Reconnaître et accepter le rôle de la raison dans la formation de la communion avec Dieu.

(5) Comprendre que la parenté avec des personnes puissantes ou des biens matériels ne garantit pas la sécurité, la libération des chagrins ou l'absence de peur.

(6) Reconnaître que l'autonomie et l'autosuffisance sont possibles, même dans des circonstances difficiles.

(7) Considérer la valeur du corps et de ses possessions par rapport à la véritable parenté avec Dieu.

(8) Supporter les difficultés et les tribulations dans le présent, en sachant que le temps de séjour dans ce monde est court.

# CHAPITRE 9 — Comment, à partir du fait que nous sommes semblables à Dieu, une personne peut passer aux conséquences

(9) Recherchez des conseils et des enseignements auprès d'un instructeur compétent et sage qui peut vous aider à cultiver un état d'esprit conforme à notre parenté avec Dieu.

(10) Laissez tomber les inquiétudes concernant l'avenir et comptez sur le moment présent pour vous nourrir.

(11) Acceptez le concept de la mort comme une partie naturelle de la vie et libérez-vous des fardeaux du monde.

(12) Reconnaître la futilité de se comparer aux autres et de désirer les possessions ou le statut des riches et des puissants.

(13) Comprendre que les circonstances extérieures et les actions des autres ne peuvent pas vraiment nuire ou opprimer ceux qui ont reconnu leur parenté avec Dieu.

(14) Imitez le comportement de Socrate, qui a donné la priorité à son devoir envers Dieu plutôt qu'aux attentes de la société et aux positions de pouvoir.

(15) Ne vous concentrez plus sur les désirs et les peurs du corps, mais sur le développement d'un esprit noble et généreux.

(16) Cultiver l'autonomie et la responsabilisation plutôt que de rechercher la pitié ou l'aide des autres.

(17) Acceptez l'idée que les vraies possessions viennent de l'intérieur, comme la grandeur d'âme et un esprit généreux, plutôt que de la richesse ou d'un statut extérieur.

(18) Résister à la tentation de compter sur les autres pour obtenir une validation ou un soutien, en se concentrant plutôt sur la culture de sa propre force intérieure.

(19) Éviter de devenir une "carcasse" ou un "sextarius de sang" en reconnaissant sa propre valeur et en refusant de dépendre des autres pour la validation ou l'assistance.

# CHAPITRE 10

## — Contre ceux qui recherchent avec ardeur la prééminence à Rome

Prenez un moment pour contempler le contraste frappant entre les activités frénétiques des personnes âgées à Rome et notre propre tendance à la paresse. Si seulement nous pouvions nous consacrer à nos propres travaux avec la même ferveur que ceux qui sont profondément absorbés par leurs tâches, imaginez les réalisations remarquables que nous pourrions accomplir. Permettez-moi de vous présenter une de mes connaissances, qui est plus âgée que moi et qui occupe actuellement une position d'autorité à Rome. Il a déclaré un jour qu'à son retour d'exil, il ne rechercherait rien d'autre qu'une vie sereine. Cependant, comme nous le découvrirons bientôt, ses actes ont contredit ses paroles, illustrant ainsi le penchant universel de l'homme pour l'occupation et la réticence à rester fidèle à ses propres intentions.

### L'importance de la diligence et de l'action pour réussir

Si nous nous consacrions à notre propre travail avec autant de diligence que les hommes âgés de Rome le font pour leurs fonctions, peut-être pourrions-nous aussi accomplir quelque chose. Je connais un homme plus âgé que moi qui occupe actuellement le poste de surintendant des céréales à Rome. Je me souviens du temps où il passait par ici, sur le chemin du retour de l'exil. Il a raconté des histoires sur sa vie passée et a exprimé son désir de passer le reste de ses jours dans la paix et la tranquillité après son retour. "Il me reste si peu de vie à vivre", a-t-il déclaré. Je lui ai répondu : "Vous n'y arriverez pas. Dès que tu sentiras le parfum de Rome, tu oublieras tout ce que tu as dit. Et si tu es autorisé à entrer dans le palais impérial, tu t'y engouffreras avec empressement et tu rendras grâce à Dieu." "Si tu me vois, Épictète, répondit-il, mettre le pied dans le palais, pense ce que tu veux." Que fit-il alors ? Avant d'entrer dans la ville, il a reçu des lettres de César. Dès qu'il les a reçues, il a tout oublié et, depuis, il accumule les tâches. J'aimerais être à ses côtés pour lui rappeler ce qu'il a dit lorsqu'il est passé par ici, et pour lui faire savoir que je suis un bien meilleur juge que lui.

Alors, est-ce que je dis que l'homme est un animal fait pour ne rien faire ? Certainement pas. Mais pourquoi ne sommes-nous pas actifs ? Par exemple, en ce qui me concerne, dès que le jour arrive, en quelques mots, je me rappelle ce que je dois lire à mes élèves ; puis aussitôt je me dis : " Mais qu'est-ce que cela peut me faire qu'une certaine personne lise ? La première chose pour moi, c'est de dormir." Et en effet, quelle ressemblance y a-t-il entre ce que font les autres et ce que nous faisons ? Si vous observez ce qu'ils font, vous comprendrez. Que font-ils d'autre, tout au long de la journée, que de faire des comptes, de s'interroger entre eux, de donner et de recevoir des conseils au sujet d'une petite quantité de grain, d'un peu de terre, et de tel ou tel profit ? Est-ce donc la même chose de recevoir une pétition et d'y lire : "Je vous prie de me permettre d'exporter une petite quantité de maïs" ; et une autre à cet effet : "Je vous prie d'apprendre de Chrysippe quelle est l'administration du monde, et quelle place y tient l'animal rationnel ; considérez aussi qui vous êtes, et quelle est la nature de vos biens et de vos maux." Ces choses sont-elles semblables les unes aux autres ? Exigent-elles le même soin, et est-il aussi grave de négliger l'une que l'autre ? Sommes-nous donc les seuls à être paresseux et à aimer dormir ? Non, mais c'est plutôt vous, les jeunes gens, qui l'êtes. Pour nous, vieillards, quand nous voyons des jeunes gens s'amuser, nous avons envie de jouer avec eux ; et si je vous voyais actifs et zélés, j'aurais encore plus envie de me joindre à vous dans vos occupations sérieuses.

# CHAPITRE 10 — Contre ceux qui recherchent avec ardeur la prééminence à Rome

> **De la leçon...**
>
> Soyez actif, concentré et dévoué dans votre travail, en utilisant votre temps de manière efficace et en vous efforçant de vous développer et de vous améliorer constamment.

**À l'action !**

(1) Consacrons-nous avec diligence à notre propre travail, comme les anciens de Rome.
(2) S'efforcer d'accomplir des tâches et des objectifs significatifs.
(3) Cherchez à imiter le dévouement et l'engagement du vieil homme qui est devenu surintendant du maïs à Rome.
(4) Se souvenir chaque jour de nos objectifs et de nos responsabilités.
(5) Évitez de vous laisser distraire ou détourner par des questions non pertinentes.
(6) Hiérarchisez vos tâches et concentrez-vous sur ce qui compte vraiment.
(7) Cherchez à vivre dans la tranquillité et la paix, plutôt que de rechercher toujours plus de responsabilités.
(8) Assumez la responsabilité de vos paroles et de vos promesses.
(9) Résistez à la tentation de céder aux désirs ou aux ambitions du monde.
(10) Faire attention à nos actions et à nos engagements, même face aux défis et aux tentations.
(11) N'oubliez pas que nos actions ont des conséquences et peuvent avoir un impact sur notre avenir.
(12) Chercher à comprendre la véritable nature de notre raison d'être dans le monde.
(13) Réfléchissez à l'importance de la connaissance et de la sagesse, plutôt que de vous laisser entraîner dans des activités banales.
(14) Reconnaître la valeur de l'amélioration et du développement personnel.
(15) Évitez la paresse et donnez la priorité à la productivité.
(16) Apprécier la sagesse et les conseils des personnes plus âgées et être prêt à apprendre d'elles.
(17) Encourager et inspirer les jeunes à être actifs et assidus dans leurs activités.

(18) Favoriser une culture de collaboration et de soutien, où les gens sont désireux de s'associer à d'autres dans des entreprises sérieuses.

# CHAPITRE 11

## — De l'affection naturelle

Ce dialogue entre Épictète et un magistrat aborde le thème de la responsabilité familiale et de la recherche du bonheur. Épictète remet en question les sentiments de tristesse du magistrat à l'égard de ses enfants et de sa femme, et conteste l'idée que le mariage et la paternité sont censés apporter le malheur. Alors qu'ils discutent du caractère naturel du comportement humain et des critères permettant de déterminer ce qui est bien ou mal, Épictète encourage le magistrat à contempler l'harmonie entre la raison et l'affection. En fin de compte, le paragraphe d'introduction ouvre la voie à un examen réfléchi des actions du magistrat et de la nature de l'amour familial.

### Examiner nos actions et nos opinions : Une leçon d'Épictète

Lors de la visite d'un magistrat, Épictète s'enquiert de plusieurs détails, notamment de la famille du magistrat. Le magistrat a révélé qu'il avait des enfants et une femme. Épictète a ensuite demandé au magistrat comment il se sentait dans sa situation actuelle. Le magistrat a répondu "misérable". Intrigué, Épictète demanda des précisions, car les hommes ne se marient pas et n'ont pas d'enfants pour être malheureux, mais plutôt pour trouver le bonheur. Le magistrat avoua qu'il était tellement accablé par le souci de ses enfants que, lorsque sa petite fille tomba malade et qu'on la crut en danger, il ne put supporter de rester auprès d'elle et quitta la maison jusqu'à ce qu'il reçoive la nouvelle de sa guérison. Épictète a défié le magistrat en lui

# CHAPITRE 11 — De l'affection naturelle

demandant s'il croyait que ses actions étaient justes. Le magistrat s'est défendu en disant qu'il avait agi d'une manière qui lui était naturelle. Épictète demanda alors la preuve que ce comportement était bien naturel, promettant de démontrer que tout ce qui se produit naturellement est également bien fait. Le magistrat a admis que son comportement était partagé par d'autres pères, mais Épictète a répliqué en affirmant que la question était de savoir si ce comportement était juste ou non. Il a établi une analogie, suggérant que si les tumeurs existent dans le corps, elles doivent être bonnes pour le corps puisqu'elles existent naturellement, et de même, si nous supposons que faire le mal est naturel parce que la plupart des gens font le mal, alors il s'ensuit que cela doit être juste. Épictète a mis le magistrat au défi de démontrer en quoi son comportement était vraiment naturel, mais le magistrat a admis qu'il ne pouvait pas le faire et a demandé à Épictète de prouver que son comportement n'était pas naturel et qu'il était mauvais.

Eh bien, dit Épictète, si nous nous interrogions sur le blanc et le noir, quel critère devrions-nous utiliser pour les distinguer ? "La vue", disait-il. Et si nous nous interrogions sur le chaud et le froid, le dur et le mou, quel critère devrions-nous utiliser ? "Le toucher. Eh bien, puisque nous nous interrogeons sur les choses qui sont conformes à la nature, et sur celles qui sont faites correctement ou non, quel genre de critère pensez-vous que nous devrions utiliser ? "Je ne sais pas", a-t-il répondu. Et pourtant, ne pas connaître le critère des couleurs et des odeurs, et aussi des goûts, n'est peut-être pas un grand mal ; mais si une personne ne connaît pas le critère du bien et du mal, des choses conformes à la nature et de celles qui sont contraires à la nature, cela vous semble-t-il un petit mal ? "Le plus grand mal. Dis-moi, est-ce que toutes les choses qui paraissent bonnes et convenables à certains le sont à juste titre ; et actuellement, en ce qui concerne les Juifs, les Syriens, les Égyptiens et les Romains, est-il possible que les opinions de tous en matière d'alimentation soient justes ? "Comment est-ce possible ? demanda-t-il. Eh bien, je suppose qu'il est absolument nécessaire que si les opinions des Égyptiens sont justes, les opinions des autres doivent être fausses ; si les opinions des Juifs sont justes, celles des autres ne peuvent pas l'être.

"Certainement. Mais là où il y a de l'ignorance, il y a aussi un manque d'apprentissage et de formation dans les choses nécessaires. Il était d'accord sur ce point. Toi donc, dit Épictète, puisque tu sais cela, tu n'auras à l'avenir qu'à t'occuper sérieusement d'apprendre et de comprendre le critère des choses qui sont selon la nature, et de l'utiliser pour déterminer chaque chose distincte. Mais dans le cas présent, je peux t'aider dans une certaine mesure à atteindre ce que tu désires. L'affection pour les membres de votre famille vous semble-t-elle conforme à la nature et bonne ? "Certainement. Cette affection est-elle naturelle et bonne, et une chose conforme à la raison n'est-elle pas bonne ? "En aucun cas." Alors, quelque chose de conforme à la raison est-il contradictoire avec l'affection ? "Je ne crois pas." Vous avez raison, car s'il en était ainsi, l'une des contradictions étant conforme à la nature, l'autre doit être contraire à la nature. N'est-ce pas vrai ? "Oui, dit-il. Tout ce que nous déterminerons comme étant à la fois affectueux et conforme à la raison, nous le déclarerons avec confiance comme étant juste et bon. "D'accord. Eh bien, laisser son enfant malade et s'en aller n'est pas raisonnable, et je suppose que vous ne direz pas que cela l'est. Mais nous devrions nous demander si c'est compatible avec l'affection. "Oui, examinons cela." Alors, puisque vous aviez de l'affection pour votre enfant, avez-vous bien agi en vous enfuyant et en la laissant, et la mère n'a-t-elle pas de l'affection pour l'enfant ? "Certainement." La mère aurait-elle dû la quitter à ce moment-là, ou n'aurait-elle pas dû ? "Elle n'aurait pas dû." Et la nourrice, l'aime-t-elle ? "Oui, elle l'aime." Aurait-elle dû la quitter elle aussi ? "En aucun cas. Et le pédagogue, ne l'aime-t-il pas ? "Il l'aime."

Aurait-il dû, lui aussi, l'abandonner ? L'enfant aurait-elle dû être laissée seule et sans assistance en raison de la grande affection que vous, les parents et d'autres personnes lui portaient ? Ou aurait-elle dû périr entre les mains de ceux qui ne l'aimaient pas et ne s'occupaient pas d'elle ? "Certainement pas. Il est injuste et déraisonnable de refuser à d'autres personnes ayant la même affection que vous de faire ce que vous estimez juste de faire parce que vous avez de l'affection. C'est absurde. Ainsi, si vous étiez malade, voudriez-vous que vos proches, y compris vos enfants et votre

## CHAPITRE 11 — De l'affection naturelle

femme, soient affectueux au point de vous laisser seul et abandonné ? "En aucun cas. Et voudriez-vous être aimé par votre propre famille au point que leur affection excessive vous laisse toujours seul lorsque vous êtes malade ? Ou bien prieriez-vous plutôt, si possible, pour être aimé de vos ennemis et abandonné de vos proches ? Mais si c'est le cas, alors vos actions n'étaient pas du tout une expression d'affection.

Alors, rien ne vous a ému et ne vous a conduit à abandonner votre enfant ? Et comment est-ce possible ? Mais peut-être est-ce quelque chose de semblable qui a conduit un homme à Rome à s'envelopper la tête pendant qu'un cheval qu'il aimait courait ; et lorsque, contrairement à ses attentes, le cheval a gagné, il a eu besoin d'éponges pour se remettre de son évanouissement. Qu'est-ce qui l'a donc poussé à agir ? La discussion exacte de cette question n'est peut-être pas pertinente en ce moment, mais si ce que disent les philosophes est vrai, nous ne devons pas la chercher à l'extérieur ; au contraire, dans tous les cas, c'est une seule et même chose qui est la cause de nos actions ou de nos inactions, de nos paroles ou de notre silence, de notre exaltation ou de notre dépression, de notre évitement ou de notre poursuite - et cette chose même est maintenant la raison pour laquelle vous êtes venus me voir, assis ici, et que vous m'écoutez, et pour laquelle je vous dis ce que je vous dis. Et quelle est cette chose ? Est-ce autre chose que notre volonté de le faire ? "Non, ce n'est pas cela.

Mais si nous avions voulu autre chose, qu'aurions-nous fait d'autre que ce que nous avons voulu faire ? C'est donc cela qui a provoqué les lamentations d'Achille, et non la mort de Patrocle, car un autre homme ne se comporte pas ainsi à la mort de son compagnon, mais c'est Achille qui l'a voulu. Et pour toi, si tu t'es enfui, c'est parce que tu l'as choisi ; de même, si tu décides de rester avec elle, la raison sera la même. En ce moment, tu vas à Rome parce que tu l'as choisi, et si tu changes d'avis, tu n'iras pas. En résumé, ce n'est ni la mort, ni l'exil, ni la douleur, ni quoi que ce soit de ce genre qui est la cause de nos actions ou de nos inactions, mais bien nos propres opinions et volontés. Est-ce que je vous convaincs ou non ? "Vous me convainquez". Les causes et les effets sont donc proportionnels. Ainsi, à partir d'aujourd'hui, si nous faisons quelque chose de mal, nous ne

# CHAPITRE 11 — De l'affection naturelle

l'attribuerons à rien d'autre qu'à la volonté avec laquelle nous l'avons fait ; et nous nous efforcerons de l'enlever et de l'éradiquer, comme nous enlèverions les tumeurs et les abcès du corps. De même, nous donnerons la même explication à la cause de nos actions justes ; et nous ne blâmerons plus les esclaves, les voisins, les femmes ou les enfants comme causes de tout malheur, car nous sommes convaincus que si nous ne percevons pas les choses comme nous pensons qu'elles sont, nous n'agirons pas sur la base de ces opinions. Et pour ce qui est de percevoir ou de ne pas percevoir, cela dépend de nous et n'est pas influencé par des facteurs extérieurs. "C'est vrai", a-t-il déclaré. À partir d'aujourd'hui, nous n'enquêterons et n'examinerons rien d'autre que la qualité et l'état de nos opinions, et non des terres, des esclaves, des chevaux ou des chiens. "Je l'espère." Tu vois donc que si tu as vraiment l'intention d'examiner tes propres opinions, tu dois devenir un érudit, une position que tout le monde ridiculise ; et tu sais toi-même que ce n'est pas le travail d'une seule heure ou d'un seul jour.

## De la leçon...

Examinez vos propres opinions, car elles sont le catalyseur de vos actions et l'élément essentiel pour mener une vie épanouie.

## À l'action !

(1) Demandez quels sont les critères permettant de distinguer les choses conformes à la nature de celles qui ne le sont pas.
(2) Se concentrer sur l'apprentissage et la formation dans les domaines nécessaires pour comprendre ce qui est juste et bon.
(3) Examiner le critère permettant de déterminer si une action est à la fois affectueuse et conforme à la raison.
(4) Reconnaître que laisser un enfant malade seul n'est ni raisonnable ni affectueux.
(5) Tenez compte des perspectives et des actions d'autres personnes qui ont également de l'affection pour l'enfant.
(6) Réfléchissez à la manière dont vous souhaiteriez être traité si vous vous trouviez dans une situation similaire.
(7) Comprendre que notre volonté est la cause ultime de nos actions et de nos décisions.

(8) Assumer la responsabilité de ses actes et ne pas les attribuer à des facteurs externes.

(9) Examiner et remettre en question nos propres opinions et croyances.

(10) S'efforcer continuellement d'améliorer et d'examiner nos propres opinions.

(11) Comprendre que l'examen de nos propres opinions est un processus à long terme.

(12) Se concentrer sur l'examen et la compréhension de nos propres opinions plutôt que sur les circonstances extérieures.

(13) Reconnaître que le fait de penser ou de ne pas penser est sous notre contrôle.

# CHAPITRE 12

## — Du contentement

Dans le domaine des dieux, il existe plusieurs points de vue. Certains affirment qu'il n'y a pas d'être divin, tandis que d'autres prétendent que s'il en existe un, il est indifférent et ne s'occupe pas des affaires du monde. Un autre groupe estime que si un tel être existe, il ne se préoccupe que des affaires grandioses et célestes, négligeant les affaires terrestres. Une autre catégorie encore pense qu'un être divin est attentif à la fois aux affaires terrestres et célestes, mais de manière générale, sans se préoccuper spécifiquement des individus. Enfin, il y a ceux qui, comme Ulysse et Socrate, affirment qu'ils n'agissent pas sans la connaissance des dieux. Face à ces croyances contradictoires, il est essentiel d'examiner la véracité de chaque opinion. Si les dieux n'existent pas, à quoi bon les suivre ? Même s'ils existent mais qu'ils sont désintéressés, devons-nous y adhérer ? Et s'ils existent et se préoccupent de certaines choses, mais ne communiquent pas avec l'humanité, est-il juste de les suivre ? Par conséquent, la personne sage et vertueuse doit contempler ces idées et aligner volontairement son esprit sur l'administration divine, tout comme un bon citoyen adhère aux lois de l'État.

> Les différentes croyances sur l'existence des dieux et la liberté dans l'acceptation

En ce qui concerne les dieux, certains prétendent qu'il n'existe pas d'entité divine. D'autres affirment qu'elle existe, mais qu'elle est inactive et indifférente, ne se préoccupant de rien. Un troisième

# CHAPITRE 12 — Du contentement

groupe affirme qu'un tel être existe et qu'il fait preuve de prévoyance, mais uniquement pour des questions grandioses et célestes, sans se préoccuper de tout ce qui se passe sur Terre. Une quatrième catégorie affirme qu'un être divin exerce sa prévoyance pour les choses terrestres et célestes, mais d'une manière générale et non pour des choses spécifiques. Enfin, il existe un cinquième groupe auquel appartiennent Ulysse et Socrate. Ils proclament : "Je ne bouge pas sans que tu le saches".

Avant toute chose, il est nécessaire d'examiner chacune de ces opinions et de déterminer si elles sont vraies ou fausses. S'il n'y a pas de dieux, comment pouvons-nous avoir l'intention de les suivre ? Et s'ils existent mais qu'ils ne se soucient de rien, comment est-il juste de les suivre ? Mais s'ils existent et se soucient de certaines choses, même si rien n'est communiqué par eux aux humains, y compris à moi-même, est-ce encore juste ? La personne sage et vertueuse, après avoir considéré toutes ces choses, soumet son propre esprit à celui qui gouverne tout, tout comme les citoyens respectueux de la loi se soumettent aux lois de l'État. Une personne qui cherche à s'instruire doit s'adresser à l'instructeur avec l'intention d'apprendre à suivre les dieux en toutes choses, à accepter l'ordre divin et à devenir libre. Car la vraie liberté, c'est que tout se passe selon sa volonté, et personne ne peut l'empêcher d'y parvenir. Qu'est-ce donc que la "folie de la liberté" ? Ce n'est pas du tout de la folie, car la folie et la liberté ne peuvent pas coexister. Mais vous pourriez dire : "Je veux que tout se passe exactement comme je le veux et de la manière que je désire". C'est de la folie, vous êtes irrationnel. Ne comprenez-vous pas que la liberté est une chose noble et précieuse ? En revanche, il est bas et ignoble de vouloir que les choses se passent comme on le souhaite sans en mesurer les conséquences. Prenons l'exemple de l'écriture. Ai-je le droit d'écrire le nom de Dion comme bon me semble ? Non, on m'a appris à l'écrire correctement. Il en va de même pour la musique et tout autre art ou science. S'il n'en était pas ainsi, le savoir n'aurait aucune valeur s'il était adapté aux caprices de chacun. La liberté est-elle donc le seul domaine où je suis autorisé à agir sans tenir compte des conséquences ? Absolument pas. S'instruire, c'est apprendre à souhaiter que tout se passe comme cela se passe. Et

# CHAPITRE 12 — Du contentement

comment les choses se passent-elles ? Elles arrivent comme celui qui les organise les a organisées. Ils ont assigné l'été et l'hiver, l'abondance et la pénurie, la vertu et le vice, et toutes les autres forces opposées au nom de l'harmonie générale. Chacun de nous a reçu un corps, des parties du corps, des biens et des compagnons.

Compte tenu de la situation actuelle, il est important de reconnaître que nous devrions chercher à nous instruire, non pas dans l'intention de modifier l'ordre naturel des choses - car nous n'en avons pas la capacité et il n'est pas dans notre intérêt de disposer d'un tel pouvoir - mais plutôt pour maintenir l'harmonie avec les circonstances qui nous entourent. Peut-on vraiment échapper aux autres individus ? Est-ce même possible ? Et même si nous nous associons à eux, pouvons-nous les changer ? Qui nous confère une telle autorité ? Dès lors, quelles options nous restent pour nous engager avec les autres ? Existe-t-il un moyen pour eux d'agir à leur guise tandis que nous maintenons un état d'esprit aligné sur la nature ? Cependant, vous ne semblez pas vouloir tolérer et vous vous sentez constamment insatisfait. Lorsque vous êtes seul, vous appelez cela de la solitude ; et lorsque vous êtes en compagnie d'autres personnes, vous les qualifiez de vauriens et de voleurs. Vous trouvez à redire aux membres de votre famille et à vos voisins. Au contraire, lorsque vous êtes seul, vous qualifiez cet état de tranquillité et de liberté, et vous vous considérez comme un dieu. Et lorsque vous êtes en présence d'un grand nombre de personnes, ne considérez pas cela comme une foule, un trouble ou un malaise, mais plutôt comme une fête et un rassemblement, et acceptez-le de bon cœur.

Quelle est donc la punition pour ceux qui n'acceptent pas ? C'est de rester comme ils sont. Si quelqu'un n'est pas satisfait d'être seul, qu'il le soit. Si un homme n'est pas satisfait de ses parents, qu'il soit un mauvais fils et qu'il se lamente. S'il est mécontent de ses enfants, qu'il soit un mauvais père. "Mettez-le en prison." Mais où est cette prison ? C'est là où il se trouve déjà, car il y est contre son gré. Et quand un homme est contre son gré, il est en prison. Socrate n'était donc pas en prison, puisqu'il y était de son plein gré. "Faut-il donc que ma jambe soit boiteuse ?" Malheureux, reproches-tu au monde d'avoir une pauvre jambe ? Ne l'abandonnerais-tu pas volontiers pour

## CHAPITRE 12 — Du contentement

l'ensemble ? Ne te détacheras-tu pas d'elle ? Ne la rendras-tu pas volontiers à celui qui te l'a donnée ? Et seras-tu contrariée et mécontente des choses établies par Zeus, qu'il a définies et mises en ordre avec les Moirae, qui étaient présents et filaient le fil de ta génération ? Ne te rends-tu pas compte de l'infime partie que tu es par rapport à l'ensemble, surtout en ce qui concerne le corps ? Quant à l'intelligence, vous n'êtes pas inférieurs aux dieux, ni moins qu'eux. La grandeur de l'intelligence ne se mesure pas par la longueur ou la taille, mais par la pensée.

Ne choisirez-vous pas alors de placer votre bien dans ce qui fait de vous l'égal des dieux ? "Malheureux que je suis d'avoir un tel père et une telle mère." Que t'a-t-il donc été permis de sortir, de choisir, et de dire : "Qu'un tel homme s'unisse à une telle femme pour que je sois engendré ?" Ce n'était pas permis, mais c'était une nécessité pour vos parents d'exister d'abord, et ensuite pour vous d'être engendrés. De quelle sorte de parents ? Des parents tels qu'ils étaient. Alors, puisqu'ils sont tels, n'y a-t-il pas de remède pour toi ? Si vous ne saviez pas dans quel but vous possédez la faculté de voir, vous seriez malheureux et malheureuse si vous fermiez les yeux quand on vous présente des couleurs ; mais si vous possédez la grandeur d'âme et la noblesse d'esprit pour tous les événements qui peuvent arriver, et que vous ne sachiez pas que vous les possédez, n'êtes-vous pas plus malheureux et malheureuse ? On vous approche de choses qui sont proportionnées à la puissance que vous possédez, mais vous détournez cette puissance surtout au moment où vous devriez la maintenir ouverte et perspicace. Ne remercies-tu pas plutôt les dieux de t'avoir permis d'être au-dessus de ces choses qu'ils n'ont pas mises en ton pouvoir, et de ne t'avoir rendu responsable que de celles qui sont en ton pouvoir ? À l'égard de tes parents, les dieux t'ont laissé libre de toute responsabilité, et il en est de même à l'égard de tes frères, de ton corps, de tes biens, de la mort et de la vie. De quoi t'ont-ils donc rendu responsable ? De ce qui seul est en ton pouvoir, le bon usage des apparences. Pourquoi donc attires-tu sur toi ce dont tu n'es pas responsable ? C'est se donner du fil à retordre.

# CHAPITRE 12 — Du contentement

> **De la leçon...**
>
> Acceptez les choses qui échappent à votre contrôle et concentrez-vous sur l'utilisation de votre esprit et de vos actions pour ce qui est en votre pouvoir.

> **À l'action !**

(1) Renseignez-vous sur chacune des opinions concernant l'existence et la nature des dieux et déterminez si elles sont vraies ou non.

(2) Examinez les implications des différentes croyances concernant les dieux, y compris l'absence de dieux, les dieux inactifs, les dieux qui ne s'intéressent qu'aux choses célestes ou les dieux qui prévoient tout.

(3) Examinez le concept de liberté et comprenez que la véritable liberté ne consiste pas à faire en sorte que tout se passe comme on le souhaite, mais plutôt à se contenter de l'administration divine des choses et à l'accepter.

(4) Reconnaître qu'il n'est pas en notre pouvoir de changer la constitution des choses, et qu'il est donc important de maintenir notre esprit en harmonie avec les choses qui se produisent.

(5) Accepter que nous ne pouvons pas échapper aux interactions avec les autres, et apprendre à adopter un état d'esprit conforme à la nature et acceptant la présence des autres.

(6) Comprendre que le mécontentement et l'insatisfaction ne conduisent qu'à une souffrance auto-imposée, et qu'accepter et embrasser les circonstances actuelles peut apporter la tranquillité et la liberté.

(7) Réalisez que la punition pour ne pas avoir accepté les circonstances actuelles est de continuer à éprouver de l'insatisfaction et du mécontentement.

(8) Reconnaître qu'il est inutile de se plaindre de facteurs externes, tels que les parents, les enfants ou le monde, car nous n'avons aucun contrôle sur ces choses et nous devrions apprendre à les accepter de bon gré.

(9) Cultiver la gratitude pour les capacités et les facultés que nous possédons, telles que l'intelligence et le pouvoir de discernement, et les utiliser pour trouver notre bien dans ce qui est en notre pouvoir.

(10) Reconnaître que nous ne sommes pas responsables des actions et des caractéristiques des autres, de notre famille ou des circonstances extérieures, et nous concentrer plutôt sur l'utilisation de notre pouvoir de bien utiliser les apparences.

# CHAPITRE 13

## — Comment tout peut être fait d'une manière acceptable pour les dieux

Pour manger de manière à plaire aux dieux, il faut s'efforcer d'incarner la justice, le contentement, l'équanimité, la tempérance et l'ordre. Cependant, la véritable acceptabilité ne réside pas seulement dans les actions vertueuses, mais aussi dans la capacité à garder son sang-froid et à accepter les difficultés ou les désagréments. Lorsqu'une demande d'eau chaude passe inaperçue ou n'est pas satisfaite, il est essentiel de rester ferme et d'éviter de succomber à la colère ou à la frustration. Cette acceptation des circonstances, aussi défavorables soient-elles, est considérée comme agréable aux dieux. En outre, lorsqu'on a affaire à des individus difficiles, comme un esclave négligent, il est important de se souvenir de sa parenté avec tous les êtres humains, en reconnaissant que nous sommes tous des descendants de Zeus. Par conséquent, il ne faut pas laisser le pouvoir ou la propriété conduire à la tyrannie, mais plutôt embrasser la compassion et la compréhension. En déplaçant notre attention des lois terrestres vers les lois divines, nous pouvons cultiver une vie plus vertueuse et plus acceptable.

### Acceptation et compassion au quotidien

Lorsque quelqu'un lui a demandé comment un homme pouvait manger d'une manière qui soit acceptable pour les dieux, il a répondu : S'il peut manger avec justice, satisfaction et sérénité, ainsi

# CHAPITRE 13 — Comment tout peut être fait d'une manière acceptable pour les dieux

qu'avec tempérance et ordre, cela ne serait-il pas également acceptable pour les dieux ? Mais que se passe-t-il si vous demandez de l'eau chaude et que l'esclave ne vous entend pas, ou s'il vous entend mais n'apporte que de l'eau tiède, ou encore s'il n'est même pas présent dans la maison ? Dans ces situations, les dieux n'acceptent-ils pas que vous ne vous mettiez pas en colère ou que vous ne perdiez pas votre sang-froid ? "Mais comment peut-on supporter quelqu'un comme cet esclave ?" N'es-tu pas toi aussi un esclave ? Ne tolères-tu pas ton propre frère, qui partage le même Zeus que son ancêtre et qui descend des mêmes semences et de la même lignée d'en haut ? Mais si tu te trouves dans une position plus élevée, deviendras-tu immédiatement un tyran ? Ne te souviendras-tu pas de qui tu es et sur qui tu as autorité ? Ils sont tes parents, ils sont tes frères par nature, et ils sont la progéniture de Zeus. "Mais je les ai achetés, et ils ne m'ont pas acheté. Sais-tu dans quelle direction tu regardes ? C'est vers la terre, vers la tombe ; c'est vers ces lois misérables faites par des hommes morts. Mais tu ne regardes pas vers les lois des dieux.

### De la leçon...

N'oubliez pas de manger avec justice, satisfaction, sérénité, tempérance et ordre pour plaire aux dieux, et ne vous laissez pas provoquer par les actions des autres ou perdre votre sang-froid.

### À l'action !

(1) Manger avec justesse et satisfaction : S'efforcer de maintenir une approche équilibrée et juste de l'alimentation, en étant conscient de l'impact sur soi-même et sur les autres.
(2) Pratiquer l'équanimité : Cultiver une attitude calme et sereine, en particulier dans les situations où les choses ne se déroulent pas comme prévu ou souhaité.
(3) Manger avec modération et de manière ordonnée : Éviter les indulgences ou les excès alimentaires et maintenir une approche systématique et disciplinée de ses habitudes alimentaires.
(4) Acceptation et patience : Au lieu de se mettre en colère ou de se sentir frustré face aux imperfections ou aux erreurs des autres, il faut s'efforcer de rester calme et de les accepter.
(5) Pratiquez l'empathie et la compréhension : N'oubliez pas que tous les individus sont liés et partagent un lien commun. Traitez donc

les autres avec gentillesse et compassion, quel que soit leur statut social ou leur position.

(6) Évitez de devenir un tyran : Si l'on vous confie un pouvoir, efforcez-vous de l'utiliser de manière responsable et dans le respect des droits et de la dignité d'autrui.

(7) Se souvenir de sa propre identité et de l'humanité partagée : Reconnaître que tout le monde est égal et mérite le respect, et ne pas laisser les hiérarchies sociales obscurcir son jugement.

(8) Privilégier les lois divines aux lois humaines : Donner la priorité aux principes et aux valeurs qui s'alignent sur des normes spirituelles ou morales plus élevées, plutôt que de se laisser entraîner par des normes sociétales ou juridiques qui peuvent ne pas être justes ou vertueuses.

(9) Regarder au-delà des préoccupations terrestres : Détourner l'attention des questions matérialistes ou mondaines et la diriger plutôt vers la croissance spirituelle et la poursuite d'idéaux plus élevés.

# CHAPITRE 14

## — La divinité supervise toutes choses

Pour comprendre la présence divine et l'interconnexion de toutes les choses, il faut reconnaître l'accord naturel entre les domaines terrestre et céleste. Alors que les plantes répondent docilement aux ordres de Dieu en matière de croissance et de fructification, et que les corps célestes orchestrent des changements significatifs dans l'existence terrestre, il devient évident que même nos âmes sont intimement liées au divin. Alors que nous naviguons dans la complexité des affaires humaines et que nous conservons d'innombrables impressions et souvenirs, nous devons reconnaître que la surveillance et la perception de Dieu s'étendent à toutes choses. Et tout comme les soldats jurent fidélité à César, nous sommes appelés à nous engager envers le Divin, à nous honorer par-dessus tout dans la poursuite de l'obéissance et de l'acceptation de tout ce qui nous a été accordé.

> L'unité de la création de Dieu : Réflexion sur le lien entre la nature et le divin

Lorsque quelqu'un lui a demandé comment une personne pouvait être convaincue que toutes ses actions étaient sous le contrôle de Dieu, il a répondu : "Ne croyez-vous pas que tout est lié ?" La personne a répondu : "Oui, je le crois." "Eh bien, ne pensez-vous pas que les choses terrestres s'alignent et se connectent naturellement avec les choses célestes ?" "Oui, je le crois." "Et comment expliquer autrement l'obéissance constante aux ordres de Dieu ? Lorsqu'il ordonne aux plantes de fleurir, ne fleurissent-elles pas ? Lorsqu'il leur ordonne de faire pousser des pousses, ne le font-elles pas ? Lorsqu'il leur ordonne de porter des fruits, comment font-elles autrement ? Quand Il ordonne aux fruits de mûrir, les fruits ne mûrissent-ils pas ? Quand Il leur ordonne de faire tomber les fruits, comment font-ils pour les faire tomber ? Et quand Il ordonne aux feuilles de tomber, ne tombent-elles pas ? Et quand Il leur ordonne de se replier et de se reposer, comment font-ils pour rester immobiles et se reposer ? Et comment expliquer autrement les changements significatifs observés dans les choses terrestres lors de la croissance et du déclin de la lune, et de l'approche et du recul du soleil ? Mais si les plantes et notre corps sont si étroitement liés à l'ensemble, notre âme ne le serait-elle pas encore plus ? Et si nos âmes sont si étroitement liées et en contact avec Dieu en tant que parties de Lui, Dieu ne percevrait-il pas chaque mouvement de ces parties comme son propre mouvement, inséparable de Lui-même ? Pouvez-vous penser simultanément à l'administration divine, aux affaires divines et aux affaires humaines ? Pouvez-vous être ému par d'innombrables choses à la fois dans vos sens et votre entendement, être d'accord avec certaines et en désaccord avec d'autres, et parfois suspendre votre jugement ? Et pourtant, pouvez-vous conserver dans votre âme d'innombrables impressions provenant de choses nombreuses et diverses, et être influencé par elles, formant des notions semblables à celles qui vous ont d'abord été imprimées ? Et pouvez-vous conserver d'innombrables compétences et souvenirs d'innombrables choses ? Et Dieu n'est-il pas capable de superviser toutes choses, d'être présent avec tous et de recevoir des communications de tous ? Et si le soleil peut éclairer une si grande partie de l'univers, ne laissant sans lumière que la partie couverte par l'ombre de la terre, Celui qui a créé et contrôle le soleil lui-même, petite partie par rapport à l'ensemble, ne peut-il pas percevoir toutes choses ?

"Mais je ne peux pas, répondra l'homme, comprendre toutes ces choses à la fois. Mais qui vous dit que vous avez un pouvoir égal à celui de Zeus ? Néanmoins, il a placé auprès de chaque homme un gardien, le Daemon de chaque homme, à qui il a confié la garde de l'homme, un gardien qui ne dort jamais, qui n'est jamais trompé.

# CHAPITRE 14 — La divinité supervise toutes choses

Quel meilleur gardien, quel gardien plus attentif aurait-il pu confier à chacun d'entre nous ? Lorsque vous aurez fermé les portes et fait régner l'obscurité à l'intérieur, n'oubliez pas de ne jamais dire que vous êtes seul, car vous ne l'êtes pas. Dieu est à l'intérieur, et votre Daemon est à l'intérieur. Ils n'ont pas besoin de lumière pour voir ce que vous faites. Vous devriez prêter serment à ce Dieu, tout comme les soldats le font à César. Les soldats jurent de faire passer la sécurité de César avant tout le reste, et toi, qui as reçu tant et tant de faveurs, ne jureras-tu pas ? Et quand vous aurez juré, ne respecterez-vous pas votre serment ? Et que devriez-vous jurer ? De ne jamais désobéir, de ne jamais porter d'accusations, de ne jamais trouver à redire à ce qu'il a donné, et de ne jamais faire ou subir de mauvaise grâce ce qui est nécessaire. Ce serment ressemble-t-il au serment du soldat ? Les soldats jurent de ne préférer personne à César, et dans ce serment, les hommes jurent de s'honorer eux-mêmes avant tout.

### De la leçon...

Reconnaître que toutes les choses sont interconnectées et comprendre que Dieu est présent dans chaque action, qu'il guide et observe tout.

### À l'action !

(1) Réfléchissez à l'unité de toutes choses et à l'accord et l'union naturels entre les choses terrestres et célestes.
(2) Reconnaître la régularité et l'ordre dans la nature comme une preuve de l'ordre et de la surveillance de Dieu.
(3) Contemplez l'interconnexion des plantes, des corps, des âmes et de Dieu, et la perception de chaque mouvement comme faisant partie du mouvement de Dieu lui-même, en connivence avec lui-même.
(4) Il s'agit de la capacité d'avoir des pensées sur l'administration divine, les affaires humaines et de multiples impressions sensorielles et intellectuelles en même temps.
(5) Reconnaître la capacité de Dieu à superviser et à être présent en toutes choses, recevant la communication de tous.
(6) Réfléchissez à la vaste illumination du soleil et à la capacité de Dieu, qui a créé et contrôle le soleil, à percevoir toutes choses.

(7) Rappelez-vous que vous n'êtes jamais seul, car Dieu et votre Daemon (gardien) sont toujours présents à vos côtés.

(8) Prêtez serment à Dieu et à votre Daemon d'être obéissant, de ne pas porter d'accusations ou de ne pas trouver de fautes dans ce qui vous est donné, et de faire et de subir volontairement les choses nécessaires.

(9) Réfléchissez à la similitude de votre serment avec le serment du soldat à César, en reconnaissant l'importance de s'honorer soi-même avant tous les autres.

# CHAPITRE 15

## — Les promesses de la philosophie

En quête de conseils pour résoudre un conflit avec son frère, un homme s'est adressé à Épictète pour obtenir de sages conseils. La réponse d'Épictète lui a permis de comprendre en profondeur l'essence de la philosophie. Il a déclaré que la philosophie ne se préoccupe pas d'acquérir des biens matériels ou d'exercer une influence sur les autres. Elle se concentre plutôt sur l'alignement du moi intérieur sur les principes de la nature. Épictète insiste sur le fait que chaque individu est responsable de sa vie et de ses choix, tandis que les questions externes telles que les relations, la réputation et la santé ne relèvent pas du domaine de la philosophie. Cette brève rencontre ouvre la voie à une exploration approfondie de l'art de vivre et de la culture de la vertu.

| Orientations pour le maintien d'un état conforme à la nature |
|---|

Lorsqu'un homme le consulta sur la manière de persuader son frère de cesser d'être en colère contre lui, Épictète répondit : "La philosophie n'a pas pour but d'obtenir un bien extérieur à l'homme. Si elle le faisait, elle permettrait quelque chose qui est hors de sa portée. De même que le bois est le matériau du charpentier et le cuivre celui du sculpteur, de même la vie de chaque homme est le matériau de l'art de vivre. Qu'est-ce qui appartient à mon frère ? Cela appartient à son propre art. Mais par rapport à votre art, c'est une possession extérieure, comme un terrain, comme la santé, comme la réputation. Or, la philosophie ne fait aucune promesse à ce sujet. Elle

# CHAPITRE 15 — Les promesses de la philosophie

dit plutôt : "En toute circonstance, je maintiendrai la partie dominante en accord avec la nature". Quelle partie dirigeante ? La partie dirigeante de la personne en qui je suis", dit-elle.

"Comment faire pour que mon frère cesse d'être en colère contre moi ?" Amenez-le-moi et je lui expliquerai. Mais je n'ai rien à te dire sur sa colère.

Lorsque l'homme qui le consultait lui dit : "Je veux savoir comment je peux me maintenir dans un état conforme à la nature, même si mon frère ne se réconcilie pas avec moi", Épictète répondit : "Rien de grand ne s'obtient soudainement, tout comme le raisin ou la figue. Si tu me dis maintenant que tu veux une figue, je te dirai qu'il faut du temps. Elle doit d'abord fleurir, puis porter des fruits et enfin mûrir. Le fruit d'un figuier n'est-il donc pas parfait tout d'un coup, en une heure seulement ? Vous attendriez-vous à acquérir les fruits de l'esprit d'un homme si rapidement et si facilement ? Ne t'y attends pas, même si je te le dis".

### De la leçon...

Ne cherchez pas à vous épanouir dans des choses extérieures. Concentrez-vous plutôt sur le développement de votre caractère intérieur et sur une vie en accord avec la nature.

### À l'action !

(1) Comprendre que la philosophie ne vise pas à obtenir des choses extérieures pour une personne, mais se concentre plutôt sur le maintien de la partie dirigeante conforme à la nature.
(2) Reconnaître que l'art de vivre concerne la vie de chaque individu et que les facteurs externes, tels que les relations avec les autres, ne relèvent pas directement de la philosophie.
(3) Reconnaître que la colère de quelqu'un d'autre, comme un frère, est une chose extérieure et ne peut être contrôlée ou influencée par la philosophie.
(4) Accepter que la résolution des conflits ou la réconciliation avec les autres n'est pas du ressort de la philosophie, et chercher d'autres moyens ou une aide professionnelle, si nécessaire, pour résoudre ces problèmes relationnels.
(5) Comprendre que le développement personnel et la croissance d'une vie conforme à la nature prennent du temps et de la patience,

tout comme le processus graduel d'un arbre fruitier produisant des fruits mûrs.

(6) Réaliser qu'attendre des résultats immédiats ou une résolution rapide pour maintenir un état conforme à la nature est irréaliste et contraire aux principes du développement personnel.

(7) Demandez conseil à des sources ou à des professionnels de confiance, comme Épictète, lorsque vous faites face à des situations difficiles ou que vous cherchez des moyens de préserver votre bien-être personnel dans des circonstances difficiles.

# CHAPITRE 16

## — De la providence

Face aux profondes merveilles du monde naturel, il est facile de négliger la conception complexe et les dispositions réfléchies de la nature. Alors que les animaux sauvages n'ont besoin d'aucun soin supplémentaire, les humains exigent de se nourrir, de se vêtir et de s'abriter. Au lieu d'exprimer notre gratitude pour notre position privilégiée, nous formulons souvent des plaintes sans fondement. Pourtant, même la plus simple des créations de la nature - un brin d'herbe, un verre de lait - devrait servir de témoignage de la providence complexe d'une puissance supérieure. Ne négligeons pas l'importance de ces petites merveilles, mais contemplons plutôt la sagesse divine qui se cache derrière chacune d'entre elles. En outre, ne négligeons pas d'exprimer nos louanges et notre gratitude pour les dons qui nous sont accordés, et de reconnaître la responsabilité qui nous incombe de préserver et d'honorer les distinctions établies par la nature.

### La providence de Dieu dans la nature et l'appréciation de ses œuvres

Ne vous demandez pas si d'autres animaux, en dehors de l'homme, disposent de tout ce qui est nécessaire à leur corps. Ils ont non seulement de la nourriture et de la boisson, mais aussi un lit. Ils n'ont pas besoin de chaussures, de literie ou de vêtements. En revanche, nous, les humains, avons besoin de toutes ces choses supplémentaires. En effet, les animaux ne sont pas créés pour eux-mêmes, mais pour servir. Il ne serait donc pas normal qu'ils aient besoin d'autres choses.

# CHAPITRE 16 — De la providence

Imaginez que nous devions prendre soin non seulement de nous-mêmes, mais aussi du bétail et des ânes. Nous devrions veiller à ce qu'ils soient vêtus, chaussés, correctement nourris et hydratés. En revanche, à l'instar des soldats qui sont préparés au combat par leur commandant, les animaux destinés au service sont déjà équipés, préparés et n'ont besoin d'aucun autre soin. C'est pourquoi même un petit garçon muni d'un simple bâton peut conduire le bétail.

Mais aujourd'hui, au lieu d'être reconnaissants de ne pas avoir à prendre autant soin des animaux que de nous-mêmes, nous nous plaignons de Dieu en notre nom. Pourtant, au nom de Zeus et des dieux, il suffirait qu'une seule chose existe pour qu'une personne reconnaisse la providence de Dieu, du moins une personne humble et reconnaissante. Et ne me parlez pas maintenant des grandes choses, considérez simplement ceci : le lait est produit à partir de l'herbe, le fromage est fait à partir du lait, et la laine provient de peaux d'animaux. Qui a fabriqué ou inventé ces choses ? "Personne", dites-vous. Quelle impudeur et quelle stupidité !

Laissons de côté les merveilles de la nature et concentrons-nous sur les petits détails. Y a-t-il quelque chose de moins important que les poils du menton ? Pourtant, la nature n'a-t-elle pas utilisé ces poils de la manière la plus appropriée ? Ne l'a-t-elle pas utilisé pour distinguer les hommes des femmes ? L'apparence d'un homme n'annonce-t-elle pas d'emblée et de loin : "Je suis un homme, abordez-moi comme tel, parlez-moi comme tel ; il n'y a pas besoin d'autre chose, voyez les signes" ? De même, en ce qui concerne les femmes, la nature a adouci leur voix et les a privées de poils au menton. Vous me direz : "Non, il aurait fallu laisser l'espèce humaine sans signe distinctif et exiger de chacun d'entre nous qu'il déclare : "Je suis un homme"". Mais le signe n'est-il pas beau et approprié, voire vénérable ? Bien plus que la crête d'un coq, et bien plus approprié que la crinière d'un lion. C'est pourquoi nous devons chérir les signes que Dieu nous a donnés. Nous ne devons pas les rejeter ou brouiller les lignes de démarcation entre les sexes.

Sont-elles les seules œuvres de la Providence en nous ? Et quels mots suffisent pour les louer et exprimer leur vraie valeur ? Car si nous avons de l'intelligence, ne devrions-nous pas faire autre chose

## CHAPITRE 16 — De la providence

que chanter des hymnes et bénir la divinité en tant que collectivité et individuellement, et parler de sa bienveillance ? Ne devrions-nous pas chanter cet hymne à Dieu pendant que nous travaillons, que nous creusons, que nous labourons et que nous mangeons ? "Grand est Dieu qui nous a donné les outils pour cultiver la terre ; grand est Dieu qui nous a donné des mains, la capacité de consommer, un estomac, une croissance invisible, et le pouvoir de respirer pendant le sommeil". C'est ce que nous devrions chanter en toute occasion, et chanter l'hymne le plus grandiose et le plus divin pour nous avoir accordé la capacité de comprendre ces choses et de les utiliser à bon escient. C'est pourquoi, puisque beaucoup d'entre vous ont perdu la vue, ne faudrait-il pas que quelqu'un assume ce rôle et chante l'hymne à Dieu au nom de tous ? Car que puis-je faire d'autre, en tant qu'homme âgé et handicapé, que de chanter des hymnes à Dieu ? Si j'étais un rossignol, je me comporterais comme tel ; si j'étais un cygne, je ferais de même. Mais je suis un être rationnel et je dois donc louer Dieu. C'est mon devoir, je l'accomplis et je n'abandonnerai pas cette position tant qu'il me sera permis d'y rester. Je vous encourage à vous joindre à ce même chant.

### De la leçon...

Nous devrions être reconnaissants pour les nombreuses dispositions et distinctions que la nature nous a accordées, et nous devrions chanter des hymnes louant Dieu pour ses bénédictions dans tous les aspects de notre existence.

### À l'action !

(1) Soyez reconnaissants pour les biens qui nous sont fournis, tels que la nourriture, la boisson, les vêtements et le logement, et reconnaissez que nous avons le privilège de ne pas avoir à prendre soin des animaux de la même manière.

(2) Au lieu de nous plaindre de nos propres situations, reconnaissons la providence de Dieu et apprécions les choses petites mais remarquables de la nature, comme le lait tiré de l'herbe, le fromage tiré du lait et la laine tirée des peaux.

(3) Appréciez la conception de la nature, même dans les petits détails comme les poils du menton, qui distinguent les hommes et les

femmes, et reconnaissez la beauté et la raison d'être de ces distinctions naturelles.

(4) Chantez des hymnes et bénissez la divinité en signe de gratitude pour les bienfaits et les services que nous recevons, que ce soit en travaillant, en mangeant ou dans le cadre de toute autre activité quotidienne.

(5) Comprendre la valeur de notre rationalité et de notre capacité à comprendre et à utiliser les choses correctement, et en faire une occasion de louer Dieu.

(6) Encouragez les autres à se joindre à vous pour chanter des hymnes et exprimer leur gratitude envers Dieu.

# CHAPITRE 17

## — Que l'art logique est nécessaire

La raison, en tant que faculté qui analyse et perfectionne tout le reste, a besoin de sa propre analyse. La question qui se pose alors est la suivante : la raison doit-elle être analysée par elle-même ou par quelque chose de supérieur ? Cette dernière option s'avère impossible, laissant la raison s'analyser elle-même. Cependant, il est urgent de se pencher sur nos opinions et nos croyances et de les rectifier. Cette urgence nous conduit à l'importance de la logique, qui a le pouvoir de distinguer, d'examiner, de mesurer et de peser d'autres choses. Mais avant d'entrer dans la logique, il est essentiel de comprendre la volonté de la nature, une tâche qui incombe à l'interprète de la nature. Dans cette exploration, nous cherchons non seulement à comprendre les enseignements de Chrysippe, mais aussi, plus significativement, à saisir l'essence même de la nature.

| Le pouvoir de la raison et la compréhension de la nature |
|---|

Puisque la raison est la faculté qui analyse et perfectionne les autres facultés, et qu'elle ne peut manquer d'être analysée, pourquoi le serait-elle ? Car il est évident que cela doit se faire soit par elle-même, soit par une autre chose. Soit donc que cette autre chose soit aussi la raison, soit quelque chose de supérieur à la raison, ce qui est impossible. Mais si c'est la raison, qui donc analysera cette raison ? Car si cette raison fait cela par elle-même, notre raison peut aussi le faire. Mais si nous avons besoin d'autre chose, la chose s'étendra à l'infini et n'aura pas de fin. La raison est donc analysée par elle-même.

## CHAPITRE 17 — Que l'art logique est nécessaire

"Oui, mais il est plus urgent de guérir (nos opinions) et d'autres choses du même genre. Voulez-vous donc entendre parler de ces choses ? Entendez. Mais si vous dites : "Je ne sais pas si vous argumentez à tort ou à raison", si je m'exprime de manière ambiguë et si vous me dites : "Distinguez", je ne vous supporterai pas plus longtemps et je dirai : "Il est plus urgent". C'est la raison, je suppose, pour laquelle ils placent l'art logique en premier, comme dans la mesure du maïs nous plaçons d'abord l'examen de la mesure. Mais si nous ne déterminons pas d'abord ce qu'est un modius et ce qu'est une balance, comment pourrons-nous mesurer ou peser quoi que ce soit ? Dans ce cas, si nous n'avons pas pleinement appris et examiné avec précision le critère de toutes les autres choses, par lequel les autres choses sont apprises, pourrons-nous examiner avec précision et apprendre pleinement quoi que ce soit d'autre ? "Oui, mais le modius n'est que du bois, et une chose qui ne produit pas de fruit. Mais c'est une chose qui peut mesurer le maïs. "La logique non plus ne produit pas de fruits." C'est ce que nous verrons ; mais même si quelqu'un disait cela, il suffirait que la logique ait le pouvoir de distinguer et d'examiner d'autres choses, et, comme on dit, de les mesurer et de les peser. Qui dit cela ? Est-ce seulement Chrysippe, Zénon et Cléanthe ? Et Antisthène ne l'a-t-il pas dit ? Et qui a écrit que l'examen des noms est le début de l'éducation ? N'est-ce pas Socrate qui le dit ? Et de qui Xénophon écrit-il qu'il a commencé par examiner les noms, ce que chaque nom signifiait ? Est-ce donc là la grande et merveilleuse chose à comprendre ou à interpréter pour Chrysippe ? Qui dit cela ? Quelle est donc la chose merveilleuse ? Comprendre la volonté de la nature. Eh bien, tu l'appréhendes toi-même par ton propre pouvoir ? Et de quoi as-tu besoin de plus ? Car s'il est vrai que tous les hommes se trompent involontairement, et que tu as appris la vérité, tu dois nécessairement agir correctement. "Mais en vérité, je ne comprends pas la volonté de la nature. Qui donc nous dit ce qu'elle est ?

Ils disent que c'est Chrysippe. Je m'enquiers de ce que dit cet interprète de la nature. Je commence à ne pas comprendre ce qu'il dit, alors je cherche un interprète de Chrysippe. "Eh bien, voyez comment cela est dit, comme si c'était dit dans la langue romaine".

# CHAPITRE 17 — Que l'art logique est nécessaire

Quelle est donc cette arrogance de l'interprète ? Aucune arrogance ne peut être attribuée à Chrysippe, s'il ne fait qu'interpréter la volonté de la nature sans la suivre lui-même, et c'est encore plus vrai pour son interprète. Nous n'avons pas besoin de Chrysippe pour lui-même, mais pour comprendre la nature. De même, nous n'avons pas besoin d'un devin pour lui-même, mais parce que nous croyons que, grâce à lui, nous connaîtrons l'avenir et comprendrons les signes donnés par les dieux. De même, nous n'avons pas besoin des viscères des animaux pour eux-mêmes, mais parce qu'ils servent de signes. Et nous ne nous émerveillons pas du corbeau ou de la corneille eux-mêmes, mais de Dieu, qui donne des signes à travers eux.

Je m'adresse ensuite à la personne qui peut expliquer ces choses et à celle qui accomplit les rituels sacrificiels. Je leur demande : "Veuillez examiner les organes internes pour moi et m'informer des signes qu'ils révèlent". L'individu prend les organes internes, les ouvre et en interprète le sens. Il dit : "Homme, tu possèdes une volonté qui est naturellement libre de toute restriction et de toute influence extérieure. C'est ce qui ressort de ce que je vois ici dans les organes internes. Permettez-moi de le démontrer d'abord en ce qui concerne l'acte d'assentiment. Quelqu'un peut-il t'empêcher d'être d'accord avec la vérité ? Personne ne le peut. Quelqu'un peut-il vous forcer à accepter des choses fausses ? Personne ne le peut. Vous pouvez constater qu'à cet égard, votre volonté est libre, indépendante et sans entrave". Considérons maintenant le désir et la poursuite d'un but. Est-ce différent ? Qu'est-ce qui peut entraver votre poursuite, si ce n'est une autre poursuite ? Et qu'est-ce qui peut influencer vos désirs et vos aversions si ce n'est d'autres désirs et aversions ? Cependant, vous pourriez rétorquer : "Si vous me présentez la peur de la mort, vous me contraignez". Non, ce qui vous contraint n'est pas ce qui vous est présenté, mais votre conviction qu'il est préférable d'entreprendre une action spécifique plutôt que de mourir. C'est donc votre propre opinion qui vous contraint - une volonté en contraint une autre. Si Dieu avait créé la partie de lui-même qu'il nous a accordée de telle sorte qu'elle puisse être entravée ou contrainte par lui-même ou par quiconque, alors il ne serait pas un vrai Dieu et il ne prendrait pas soin de nous comme

## CHAPITRE 17 — Que l'art logique est nécessaire

il le devrait. "Voici, dit le devin, ce que je perçois des animaux sacrifiés : ce sont les messages qui vous sont transmis. Si vous choisissez, vous êtes libres ; si vous choisissez, vous ne blâmerez personne, vous ne tiendrez personne pour responsable. Tout sera conforme à votre esprit et à l'esprit de Dieu". C'est à cause de cette divination que je consulte à la fois le devin et le philosophe, non pas parce que j'admire l'interprète, mais parce que j'admire les idées interprétées.

### De la leçon...

Analysez et affinez votre raisonnement, saisissez les désirs de la nature et exercez votre liberté pour rechercher la vérité et adopter des actions conformes à vos valeurs fondamentales.

### À l'action !

(1) Analyser la raison et déterminer sa nature - si elle peut être analysée par elle-même ou par autre chose.
(2) Examiner l'art logique et sa capacité à distinguer et à examiner d'autres choses.
(3) Comprendre la volonté de la nature et ses implications pour l'action humaine.
(4) Rechercher et comprendre les interprétations de Chrysippe concernant la volonté de la nature.
(5) Interrogez l'interprète de Chrysippus et demandez-lui des éclaircissements sur ce qu'il a compris.
(6) Réfléchir à la nature de l'interprétation et à la question de savoir si elle conduit à une véritable compréhension de la nature.
(7) Consulter les devins et les philosophes pour mieux comprendre la volonté de la nature et ses implications sur la liberté de choix personnelle.
(8) Examinez l'importance des signes et des interprétations dans la compréhension de la volonté divine.
(9) Réfléchir au rôle des opinions dans la contrainte ou l'entrave à la volonté et au désir personnels.
(10) Reconnaître que la faculté de volonté est libre de toute entrave et de toute contrainte, comme en témoigne l'incapacité des autres à forcer l'assentiment à de fausses croyances.

(11) Contemplez l'interaction entre le désir et la poursuite, et la possibilité pour un désir ou une aversion d'en surmonter un autre.

(12) Comprendre que la peur de la mort n'est pas une contrainte directe, mais plutôt notre opinion que certaines actions sont préférables à la mort.

(13) Réfléchir au rôle de Dieu et à l'attention qu'il porte à l'humanité, comme en témoigne la nature de notre volonté et sa capacité à être libre de toute contrainte.

(14) Reconnaître la liberté de choix et la responsabilité qui en découle, sans blâmer ou accuser les autres pour nos actions.

(15) Mettre l'accent sur l'alignement de la volonté personnelle sur la pensée de Dieu en tant qu'état souhaitable.

# CHAPITRE 18

## — Qu'il ne faut pas se fâcher contre les erreurs des autres

Dans leur exploration du comportement humain et des émotions, les philosophes proposent que les individus soient guidés par certains principes, notamment la persuasion de l'assentiment, du désaccord ou de la suspension du jugement. De même, en ce qui concerne nos désirs et nos actions, ces philosophes affirment que nous sommes motivés par la conviction que quelque chose est bénéfique pour nous. Cependant, si tel est le cas, pourquoi nous retrouvons-nous en colère contre d'autres personnes qui peuvent avoir des opinions différentes ou s'engager dans des actions qui contredisent les nôtres ? Ce chapitre, qui donne à réfléchir, remet en question notre tendance à juger et à condamner les autres, nous incitant à nous demander s'il est plus compatissant de plaindre ceux qui ont des croyances erronées ou d'essayer de les guider vers une plus grande compréhension.

| Le pouvoir de la maîtrise de soi : Vaincre la colère et valoriser l'immuable |
|---|

Si ce que disent les philosophes est vrai, à savoir que tous les hommes ont un seul principe, comme dans le cas de l'assentiment la persuasion qu'une chose est ainsi, et dans le cas du désaccord la persuasion qu'une chose n'est pas ainsi, et dans le cas d'une suspicion de jugement la persuasion qu'une chose est incertaine, de même dans le cas d'un mouvement vers quoi que ce soit la persuasion qu'une chose est à l'avantage de l'homme, Il est impossible de penser qu'une chose est avantageuse et d'en désirer une autre, de juger qu'une chose est convenable et de se diriger vers une autre ; pourquoi donc sommes-nous en colère contre le grand nombre ? "Ce sont des voleurs et des brigands", direz-vous. Qu'entendez-vous par voleurs et brigands ? "Ils se trompent sur le bien et le mal. Devons-nous donc nous mettre en colère contre eux, ou les plaindre ? Montrez-leur leur erreur, et vous verrez comment ils y renoncent. S'ils ne voient pas leurs erreurs, ils n'ont rien de supérieur à leur opinion actuelle.

"Ce voleur et cet adultère ne doivent-ils pas être détruits ? Absolument pas, mais parlons plutôt de cette manière : "Ne faut-il pas détruire cet homme qui s'est trompé et qui a été trompé sur les choses les plus importantes, et qui n'est pas aveugle dans sa perception visuelle de distinguer le noir du blanc, mais dans sa perception morale de distinguer le bien du mal ?" En l'exprimant ainsi, vous vous rendrez compte à quel point il est inhumain de dire une telle chose, comme si vous suggériez : "Ne devrions-nous pas détruire cet homme aveugle et sourd ?" Cependant, si le plus grand mal est la privation des choses les plus importantes, et que l'aspect le plus important de chaque individu est sa volonté ou son choix, comme il se doit, et si une personne est privée de cette volonté, pourquoi alors seriez-vous en colère contre elle ? Homme, tu ne devrais pas être affecté négativement par le méfait d'un autre contre la nature. Ayez plutôt pitié d'eux, laissez tomber cette disposition à l'offense et à la haine, et abstenez-vous d'utiliser les mots que la majorité proclame : "Ces maudits et odieux compagnons".

Comment es-tu devenu si sage ? Et pourquoi êtes-vous si facilement contrarié ? Pourquoi sommes-nous en colère ? Est-ce parce que nous accordons tant de valeur aux choses que ces individus nous volent ? N'admirez pas vos vêtements, et vous ne serez pas en colère contre le voleur. N'admirez pas la beauté de votre femme, et vous ne serez pas en colère contre l'adultère. Apprenez que le voleur et l'adultère n'ont aucun droit sur les choses qui vous appartiennent, mais plutôt sur celles qui appartiennent à d'autres et qui échappent à votre contrôle. Si vous rejetez ces choses et les considérez comme

# CHAPITRE 18 — Qu'il ne faut pas se fâcher contre les erreurs des autres

insignifiantes, avec qui serez-vous encore en colère ? Mais tant que vous accordez de la valeur à ces choses, soyez en colère contre vous-même plutôt que contre le voleur et l'adultère. Considère la chose de la manière suivante : tu as de beaux vêtements, et ton voisin n'en a pas. Vous avez une fenêtre et vous voulez aérer vos vêtements. Le voleur ne comprend pas ce qu'est le bien d'une personne, mais il croit qu'il réside dans le fait d'avoir de beaux vêtements, ce que vous croyez également. Alors, ne doit-il pas vous les prendre ? Lorsque vous présentez un gâteau à des gourmands et que vous le consommez vous-même, ne vous attendez-vous pas à ce qu'ils vous l'arrachent ? Ne les provoquez pas, n'ayez pas de fenêtre, n'aérez pas vos vêtements. Récemment, j'ai placé une lampe en fer à côté de mes dieux domestiques. Lorsque j'ai entendu un bruit à la porte, je me suis précipité en bas et j'ai découvert que la lampe avait été prise. Je me suis rendu compte que la personne qui avait pris la lampe n'avait rien fait d'anormal. Et alors ? Demain, me suis-je dit, tu retrouveras une lampe en terre, car on ne perd que ce que l'on possède. "J'ai perdu mon vêtement. C'est parce que tu avais un vêtement. "J'ai mal à la tête. As-tu mal aux cornes ? Alors pourquoi êtes-vous contrarié ? Parce que nous ne faisons que perdre des choses et que nous souffrons pour les choses que nous possédons.

Mais le tyran enchaînera. Qu'est-ce que c'est ? La jambe. Il l'enlèvera. La jambe. Le cou. Qu'est-ce qu'il n'enchaînera pas et n'enlèvera pas ? La volonté. C'est pourquoi les anciens enseignaient la maxime "Connais-toi toi-même". Nous devons donc nous exercer à de petites choses et, en commençant par elles, passer à de plus grandes. "J'ai mal à la tête". Ne dites pas : "Hélas !" "J'ai mal à l'oreille. Ne dites pas : "Hélas !" Je ne dis pas qu'il ne soit pas permis de gémir, mais ne gémissez pas intérieurement ; et si votre esclave tarde à apporter un pansement, ne criez pas, ne vous tourmentez pas, et ne dites pas : "Tout le monde me hait" ; car qui ne haïrait pas un tel homme ? A l'avenir, en t'appuyant sur ces avis, marche droit et libre, sans te fier à la taille de ton corps, comme un athlète, car un homme ne doit pas être invincible comme l'est un âne.

Qui est donc l'invincible ? C'est celui qui reste imperturbable face à tout ce qui n'est pas sous son contrôle. En examinant chaque

# CHAPITRE 18 — Qu'il ne faut pas se fâcher contre les erreurs des autres

circonstance, j'en vois l'illustration dans l'athlète. Il a remporté la première épreuve, mais qu'en est-il de la seconde ? Et si les conditions sont défavorables ? Et s'il s'agit de l'épreuve prestigieuse de l'Olympie ? De même, dans ce cas, si vous leur offrez de l'argent, ils le refuseront. Maintenant, imaginez que vous placiez une jeune fille sur leur chemin. Que se passe-t-il alors ? Et si c'est dans l'obscurité ? S'ils sont critiqués ou loués ? Et s'ils sont confrontés à la mort ? Ils surmonteront tout cela. Que ce soit dans la chaleur ou sous la pluie, dans un état d'esprit morose ou pendant le sommeil, il en sortira toujours triomphant. Voilà mon athlète imbattable.

### De la leçon...

Ne laissez pas les circonstances extérieures et les actions des autres susciter la colère et la haine en vous ; favorisez plutôt la compréhension et l'empathie, et concentrez-vous sur la culture de votre propre volonté et de votre force intérieure.

### À l'action !

(1) Réfléchissez au principe que tous les hommes ont, qui comprend l'assentiment, le désaccord et la suspension du jugement.
(2) S'interroger sur les raisons pour lesquelles nous nous mettons en colère contre ceux qui ont des opinions ou des croyances différentes sur le bien et le mal.
(3) Au lieu de la colère, pensez à la pitié pour ceux qui se trompent ou sont trompés.
(4) Chercher à montrer aux autres leurs erreurs et les aider à changer de point de vue.
(5) Évitez l'inhumanité qui consiste à vouloir détruire ou blesser les autres en raison de leurs erreurs ou de leur aveuglement à comprendre le bien et le mal.
(6) Reconnaître que le plus grand préjudice pour une personne est la privation de sa volonté propre ou de son choix.
(7) Ne vous laissez pas affecter par les mauvaises actions des autres, contrairement à la nature.
(8) Abandonnez l'envie d'être offensé ou de haïr, et évitez d'utiliser des termes péjoratifs pour décrire les autres.
(9) Accorder moins d'importance aux choses pour ne pas être en colère lorsque quelqu'un vous les enlève.

# CHAPITRE 18 — Qu'il ne faut pas se fâcher contre les erreurs des autres

(10) Réalisez que les possessions et les facteurs externes ne définissent pas votre valeur ou votre bonheur.

(11) Comprenez que les personnes qui vous font du mal ou vous soutirent de l'argent recherchent ce qu'elles perçoivent comme étant bon, tout comme vous.

(12) Ne provoquez pas les autres en faisant étalage de ce qu'ils désirent, comme de beaux vêtements ou des biens.

(13) Pratiquez le détachement des choses extérieures et concentrez-vous sur ce qui est vraiment en votre pouvoir.

(14) Considérez que perdre des choses et éprouver de la douleur est tout à fait naturel lorsque nous possédons quelque chose à perdre.

(15) Reconnaissez que personne ne peut vous priver de votre volonté ou de votre choix, qui restent sous votre contrôle.

(16) Adoptez la maxime "Connais-toi toi-même" et exercez un contrôle sur vos réactions aux petites choses avant de passer à des défis plus importants.

(17) Ne vous plaignez pas outre mesure et ne vous tourmentez pas pour des inconvénients mineurs ou un manque d'assistance immédiate.

(18) N'accusez pas les autres et ne pensez pas que tout le monde vous déteste lorsque les choses ne se passent pas comme prévu.

(19) Marcher droit et libre, sans compter sur la force physique ou l'invincibilité, mais sur la puissance de la volonté.

(20) Efforcez-vous d'être invincible en ne laissant pas les circonstances extérieures perturber votre paix intérieure.

(21) S'inspirer de l'exemple d'un athlète qui reste victorieux malgré les difficultés rencontrées.

(22) Entraînez-vous à surmonter les obstacles, tels que la tentation de l'argent ou l'attrait du plaisir ou des louanges.

(23) Préparez-vous à affronter des circonstances difficiles, telles que l'obscurité, la critique ou même la mort, avec résilience et détermination.

(24) Maîtrisez vos émotions et vos réactions, même dans des conditions difficiles comme la chaleur, la pluie, la mélancolie ou la somnolence.

(25) L'objectif est de devenir un individu invincible qui peut vaincre n'importe quelle circonstance par la force de sa volonté.

# CHAPITRE 19

## — Comment se comporter avec les tyrans

Dans leur quête de supériorité, les individus sont souvent victimes d'un ego démesuré et d'une perception erronée du pouvoir. Cet extrait explore l'état d'esprit de ceux qui croient détenir l'autorité alors qu'en réalité ce n'est pas le cas. L'auteur s'interroge sur l'étendue réelle de l'influence d'une personne et souligne l'importance de prendre soin de soi et de se respecter. En examinant la dynamique entre les dirigeants et leurs sujets, ainsi que la nature de notre attachement à nous-mêmes, le texte remet en question l'idée que des forces extérieures peuvent réellement perturber ou entraver notre liberté innée. En fin de compte, il affirme que ce sont nos propres opinions, en particulier sur les questions qui échappent à notre contrôle, qui peuvent provoquer des troubles intérieurs.

### Le pouvoir de l'estime de soi et de la prise de responsabilité

Si une personne croit qu'elle possède une quelconque forme de supériorité, même si ce n'est pas le cas, cette personne, si elle n'a pas reçu une éducation adéquate, deviendra inévitablement arrogante à cause de cela. Par exemple, un tyran peut déclarer : "Je suis le maître de tout". Mais que peuvent-ils vraiment faire pour moi ? Peuvent-ils me fournir un désir qui n'est pas entravé ? Comment le pourraient-ils ? Possède-t-il la capacité infaillible d'éviter ce qu'il veut éviter ?

# CHAPITRE 19 — Comment se comporter avec les tyrans

Peuvent-ils se diriger vers un objectif sans se tromper ? Et si oui, comment possèdent-ils ce pouvoir ? Permettez-moi de vous poser la question suivante : lorsque vous êtes sur un bateau, faites-vous confiance à vous-même ou au timonier pour naviguer ? Et quand vous êtes dans un char, à qui faites-vous confiance si ce n'est au conducteur ? Il en va de même dans tous les autres domaines. Où se trouve donc votre véritable pouvoir ? "Tout le monde me respecte", dites-vous. Eh bien, je respecte aussi mon assiette : je la lave et je l'essuie. Et pour ma fiole d'huile, j'enfonce même un piquet dans le mur. Ces choses me sont-elles supérieures ? Non, elles répondent simplement à certains de mes besoins, et c'est pourquoi j'en prends soin. Maintenant, est-ce que je ne m'occupe pas de mon âne ? Est-ce que je ne lui lave pas les pieds et ne le nettoie pas ? Ne sais-tu pas que chaque personne s'estime elle-même tout autant qu'elle t'estime, de la même manière qu'elle estime son propre âne ? Qui te considère vraiment comme un être humain ? Montre-moi. Qui aspire à devenir comme toi ? Qui t'imite comme on imite Socrate ? "Mais je peux vous ôter la vie", direz-vous. Vous avez raison. J'avais oublié que je devais te considérer comme je considérerais une fièvre ou une maladie, et peut-être même te construire un autel, comme l'autel dédié à la fièvre à Rome.

Qu'est-ce qui dérange et terrifie les masses ? Est-ce le tyran et ses gardes ? J'espère sincèrement que non. Il est tout simplement impossible qu'une chose intrinsèquement libre soit perturbée ou entravée par autre chose qu'elle-même. Ce sont plutôt les croyances et les opinions d'une personne qui la perturbent. Par exemple, lorsqu'un tyran menace d'enchaîner la jambe d'un homme, l'homme qui attache de l'importance à sa jambe demande grâce. Par contre, l'homme qui tient à sa propre volonté dit : "Si cela te semble plus avantageux, vas-y, enchaîne-la." "Vous vous en fichez ?" Je m'en moque. "Je vous montrerai que c'est moi qui commande." Vous ne pouvez pas faire ça. Zeus m'a libéré - penses-tu qu'il permettrait à son propre fils d'être asservi ? Mais tu es le maître de mon corps physique, alors prends-le. "Donc, quand vous m'approchez, vous n'avez aucune considération pour moi ?" Non, mais j'ai de l'estime pour moi-même. Et si vous voulez que je vous dise que j'ai aussi de l'estime pour vous, je ne peux que vous dire que j'ai pour vous la même estime que pour ma marmite.

Il ne s'agit pas d'une étrange obsession de soi, car l'animal est conçu pour accomplir toutes les tâches dans son propre intérêt. Même le soleil accomplit toutes les tâches dans son propre intérêt, et même Zeus lui-même. Cependant, lorsque Zeus choisit de fournir de la pluie et des fruits, et d'être le Père des dieux et des hommes, il ne peut remplir ces rôles et posséder ces titres que s'il est utile à l'humanité. En effet, la nature de l'animal rationnel est telle qu'il ne peut satisfaire aucun de ses intérêts individuels s'il ne contribue pas à l'intérêt commun. Ainsi, il n'est pas insociable pour une personne de tout faire pour son propre compte. Qu'attendez-vous ? Une personne devrait-elle se négliger et négliger ses propres intérêts ? Et si c'était le cas, comment pourrait-il y avoir un principe unique qui s'applique à tous les animaux, le principe de l'attachement à soi ?

Qu'en est-il alors ? Lorsque des notions absurdes sur les choses indépendantes de notre volonté, comme si elles étaient bonnes et mauvaises, sont à la base de nos opinions, nous devons nécessairement avoir de l'estime pour les tyrans. Je souhaiterais que les hommes n'aient d'égards que pour les tyrans et non pour les hommes de chambre. Comment se fait-il qu'un homme devienne soudain sage lorsque César le nomme surintendant du tabouret étroit ? Comment se fait-il que nous disions immédiatement : "Felicion m'a parlé de manière sensée" ? Je voudrais qu'on l'éloigne de la chambre à coucher, pour qu'il puisse à nouveau vous paraître stupide. Epaphrodite avait un cordonnier qu'il a vendu parce que le cordonnier n'était bon à rien. Heureusement, cet homme a été acheté par un des hommes de César et est devenu le cordonnier de César. Il fallait voir le respect qu'Epaphrodite lui portait : "Comment se porte le bon Félicien, je vous prie ?" Et si l'un d'entre nous demandait : "Que fait le maître ?", la réponse serait : "Il consulte Felicion à propos de quelque chose." Mais n'avait-il pas vendu l'homme parce qu'il le jugeait inutile ? Qui donc l'a soudain rendu sage ? C'est un exemple de valorisation d'autre chose que les choses qui dépendent de la volonté.

# CHAPITRE 19 — Comment se comporter avec les tyrans

Un homme a-t-il jamais été élevé au rang de tribun ? Tous ceux qui le rencontrent le félicitent ; l'un lui baise les yeux, l'autre le cou, et les esclaves lui baisent les mains. Lorsqu'il arrive à sa maison, il découvre des flambeaux déjà allumés. Il se rend ensuite au Capitole, où il offre un sacrifice pour l'occasion. Mais qui s'est jamais sacrifié pour avoir eu de bonnes intentions ? Pour avoir agi conformément à la nature ? En réalité, nous remercions les dieux pour les choses que nous considérons comme bonnes.

Aujourd'hui, quelqu'un discutait avec moi du sacerdoce d'Auguste. Je lui ai dit : "Mec, laisse tomber. Tu vas dépenser beaucoup pour rien." Mais il m'a répondu : "Ceux qui écrivent des accords y mettent n'importe quel nom." Alors, soutenez-vous ceux qui les lisent et leur dites-vous : "C'est mon nom qui y est écrit" ? Et si vous pouvez être présent pour de telles occasions aujourd'hui, que ferez-vous lorsque vous serez mort ? "Mon nom restera." Écrivez-le sur une pierre, et il restera. Mais dis-moi, quel souvenir de toi restera au-delà de Nicopolis ? "Mais je porterai une couronne d'or." Si vous voulez vraiment une couronne, prenez-en une faite de roses et portez-la. Elle sera plus élégante.

## De la leçon...

Ne laissez pas de fausses notions de supériorité ou des circonstances extérieures dicter votre valeur personnelle et votre bonheur ; donnez la priorité à votre propre bien-être, agissez en accord avec la nature et accordez de l'importance à ce qui compte vraiment.

## À l'action !

(1) Réfléchir à sa propre supériorité et se demander si elle est fondée sur des capacités réelles ou simplement sur un ego démesuré.

(2) Reconnaître que le véritable pouvoir réside dans la capacité à contrôler ses désirs et ses actions, plutôt que de dépendre de facteurs externes.

(3) Identifiez les choses qui vous apportent vraiment de la valeur et prenez-en soin, plutôt que de vous laisser influencer par les attentes de la société ou par des attachements superficiels.

(4) Comprendre que le regard que chacun porte sur les autres est avant tout fondé sur l'intérêt personnel et ne doit pas être confondu avec un respect ou une admiration sincère.

(5) Remettre en question les notions absurdes et les fausses croyances sur ce qui est bon ou mauvais, en particulier en ce qui concerne les choses sur lesquelles on n'a pas de contrôle.

(6) Évitez d'accorder de l'importance aux titres, aux postes ou à la reconnaissance extérieure, car ils ne reflètent pas nécessairement la sagesse ou la valeur réelles.

(7) Concentrez-vous sur le développement de bons désirs et sur l'alignement des actions sur la nature, plutôt que sur la recherche d'une validation externe ou de louanges.

(8) Reconnaître que la véritable gratitude doit être dirigée vers des choses qui contribuent à son propre bien-être et au bien commun, plutôt que vers de simples symboles de statut ou d'accomplissement.

(9) S'abstenir de rechercher la validation par des symboles ou des positions externes, car ils ne définissent pas la véritable valeur ou l'héritage d'une personne.

(10) Considérez le caractère éphémère des réalisations terrestres et concentrez-vous sur la culture des vertus et des qualités qui auront un impact durable.

# CHAPITRE 20

## — De la raison, comment elle se contemple elle-même

Ce chapitre étudie la nature des différents arts et facultés et leur capacité à s'engager dans l'autoréflexion. Il souligne qu'un art ou une faculté peut se contempler lui-même s'il appartient à la même catégorie que les objets qu'il contemple. En revanche, s'il appartient à une catégorie différente, il n'a pas cette capacité. L'auteur souligne que le but de la raison est d'utiliser correctement les apparences et que la raison elle-même est une structure composée de certaines apparences. Le texte explore également la signification du bon sens, du manque de sens et l'importance de l'examen des apparences. Il conclut en suggérant que la maîtrise d'un art, quel qu'il soit, exige une préparation, des efforts et des études considérables.

L'importance d'une réflexion et d'un examen approfondis en philosophie

Tout art et toute faculté contemplent spécialement certaines choses. Lorsqu'il est de même nature que les objets qu'il contemple, il doit aussi se contempler lui-même. En revanche, lorsqu'il est d'une nature différente, il ne peut se contempler lui-même. Par exemple, l'art du cordonnier est utilisé sur des peaux, mais il est complètement distinct de la matière des peaux. Il ne peut donc pas se contempler lui-même. De même, l'art du grammairien est utilisé avec la parole

# CHAPITRE 20 — De la raison, comment elle se contemple elle-même

articulée ; l'art devient-il lui-même parole articulée ? Non, il ne le devient pas. C'est pourquoi il ne peut se contempler lui-même.

Maintenant, la raison. Dans quel but a-t-elle été donnée par la nature ? Pour le bon usage des apparences. Qu'est-ce que la raison elle-même ? Un système de certaines apparences. Elle a donc, par nature, la faculté de se contempler elle-même. Encore du bon sens. Que nous appartient-il de contempler ? Le bien et le mal, et les choses qui ne sont ni l'un ni l'autre. Qu'est-ce que le bon sens lui-même ? Le bien. Et l'absence de sens, qu'est-ce que c'est ? Le mal. Voyez-vous donc que le bon sens contemple nécessairement à la fois lui-même et son contraire ? C'est pourquoi la tâche première et la plus importante du philosophe est d'examiner les apparences, de les distinguer et de n'en accepter aucune sans examen.

Même dans le domaine de la monnaie, qui semble nous intéresser quelque peu, nous avons inventé un art et il existe de nombreuses méthodes que l'essayeur utilise pour tester la valeur de la pièce - la vue, le toucher, l'odorat et, enfin, l'ouïe. L'essayeur lance la pièce et écoute le son qu'elle produit. Il n'est pas satisfait d'un seul son, mais grâce à une attention particulière, il devient un musicien. De même, lorsque nous pensons qu'il existe une différence significative entre se tromper et ne pas se tromper, nous nous appliquons à découvrir ce qui peut nous tromper. Mais lorsqu'il s'agit de notre misérable faculté de gouverner, de bâiller et de dormir, nous acceptons négligemment toutes les apparences parce que nous ne remarquons pas le mal.

Ainsi, lorsque vous voulez savoir à quel point vous êtes insouciant à l'égard du bien et du mal, et à quel point vous êtes actif à l'égard des choses indifférentes, observez ce que vous ressentez lorsque vous êtes privé de votre vue et que vous êtes trompé. Vous vous apercevrez que vous êtes loin d'avoir les sentiments que vous devriez avoir à l'égard du bien et du mal. "Mais c'est une question qui demande beaucoup de préparation, de travail et d'étude. Eh bien, espérez-vous acquérir le plus grand des arts avec peu d'efforts ? Pourtant, les principaux enseignements des philosophes sont concis. Si vous voulez savoir, lisez les écrits de Zénon et vous verrez. Il suffit de quelques mots pour dire que le but de l'homme est de suivre les dieux et que la nature du bien est le bon usage des apparences. Mais

# CHAPITRE 20 — De la raison, comment elle se contemple elle-même

si l'on demande : "Qu'est-ce que Dieu, qu'est-ce que l'apparence, qu'est-ce que le particulier et qu'est-ce que la nature universelle ? Si Épicure venait dire que le bien doit être dans le corps, même dans ce cas, il faudrait beaucoup de mots. Il faudrait nous apprendre quel est le principe directeur en nous, ce qui est fondamental et substantiel. De même qu'il est peu probable que le bien de l'escargot soit dans sa coquille, de même est-il probable que le bien de l'homme soit dans son corps ? Mais toi, Épicure, tu possèdes quelque chose de mieux que cela. Qu'y a-t-il en toi qui délibère, qui examine tout et qui juge que le corps est la partie la plus importante ? Et pourquoi allumes-tu ta lampe, travailles-tu pour nous et écris-tu tant de livres ? Est-ce pour que nous ne restions pas dans l'ignorance de la vérité, de ce que nous sommes et de ce que nous sommes pour vous ? La discussion nécessite donc de nombreux mots.

### De la leçon...

Examinez et remettez en question vos croyances et vos perceptions afin de comprendre avec précision la nature du bien, du mal et du monde qui vous entoure.

### À l'action !

(1) Examiner les apparences et les distinguer avant de les accepter.
(2) Apportez une grande attention à la découverte de ce qui peut tromper.
(3) Réfléchissez attentivement au bien et au mal et à ce que vous en pensez.
(4) Entraînez-vous à être attentif au mal qui peut résulter de la négligence de nos pensées et de nos actions.
(5) Se préparer, travailler et étudier pour acquérir le plus grand des arts.
(6) Lisez les écrits de Zénon pour comprendre la principale doctrine des philosophes.
(7) Chercher à comprendre les concepts de "Dieu", "apparence", "particulier" et "nature universelle".
(8) Comprendre le principe directeur à l'intérieur de soi et ce qui forme les jugements sur le corps.
(9) Délibérez et examinez tout pour comprendre la vérité sur ce que vous êtes.

# CHAPITRE 21

## — Contre ceux qui veulent être admirés

Pour mener une vie épanouie et satisfaisante, il faut reconnaître l'importance de conserver la place qui lui revient dans la société. Il n'est pas nécessaire d'aspirer à ce qui se trouve au-delà de votre position. Au lieu de cela, concentrez-vous sur l'alignement de vos désirs et de vos actions avec la nature, en employant des mouvements naturels et en prenant des décisions réfléchies. Il est inutile de se vanter ou de rechercher l'admiration des autres, surtout s'ils sont considérés comme fous. Adoptez une approche humble et rationnelle et laissez tomber le besoin de validation externe.

> **Vivre selon ses moyens : Vivre dans la limite de ses moyens : le contentement de la vie**

Lorsqu'un homme occupe la place qui lui revient dans la vie, il n'aspire pas à ce qui lui échappe. Homme, qu'espères-tu ? "Je suis satisfait si je désire et évite conformément à la nature, si je me rapproche et m'éloigne d'un objet comme je suis naturellement enclin à le faire, et si j'agis avec dessein et intention et si je donne mon consentement. Alors pourquoi vous pavaner, comme si vous aviez accompli quelque chose de remarquable ? J'ai toujours souhaité que ceux qui me rencontrent m'admirent et que ceux qui me suivent proclament : "Oh, le grand philosophe !". Mais qui sont ces personnes qui aspirent à votre admiration ? Ne sont-ils pas ceux-là mêmes que vous qualifiez souvent de fous ? Alors, souhaitez-vous vraiment être admiré par des fous ?

### De la leçon...

Conservez la place qui vous revient dans la société, trouvez le contentement en vous-même et abstenez-vous de rechercher l'admiration de ceux qui sont fous ou insensés.

### À l'action !

(1) Concentrez-vous sur l'accomplissement de votre rôle dans la vie au lieu de vous préoccuper de désirs qui vont au-delà.
(2) Alignez vos désirs et vos actions sur ce qui est conforme à la nature.
(3) Acceptez et embrassez vos penchants et instincts naturels à l'égard des objets et des situations.
(4) Avoir des objectifs, des intentions et des convictions clairs et y consentir pleinement.
(5) Évitez la tendance à vous mettre en valeur ou à vous montrer supérieur devant les autres.
(6) Ne recherchez pas l'admiration de personnes considérées comme déraisonnables ou folles.
(7) Reconsidérez la valeur de la recherche de l'admiration et concentrez-vous plutôt sur l'amélioration de vous-même.

# CHAPITRE 22

## — Sur les précognitions

Dans le domaine de l'existence humaine, le concept de précognition et sa relation avec les croyances et les actions personnelles ont suscité d'innombrables débats et disputes tout au long de l'histoire. S'il est largement admis que la bonté et la justice sont des idéaux à poursuivre, le désaccord survient lorsque les individus tentent d'appliquer leurs croyances à des situations spécifiques. Ce conflit est évident dans les conflits historiques entre différentes cultures et même dans la dispute légendaire entre Agamemnon et Achille. De tels conflits mettent en lumière l'importance de l'éducation et soulignent la nécessité d'aligner notre compréhension innée de ce qui est bon avec les réalités de notre situation individuelle. C'est dans ce cadre que le véritable philosophe se lance dans une quête pour découvrir la nature du bien et du mal, naviguant dans les complexités de l'existence humaine avec une poursuite inébranlable de la sagesse et de la compréhension.

### La querelle des précognitions et la nature du bien

Les précognitions sont communes à tous les hommes, et la précognition n'est pas contradictoire avec la précognition. En effet, qui d'entre nous ne suppose pas que le Bien est utile et admissible, et qu'en toutes circonstances, nous devons le suivre et le poursuivre ? Et qui d'entre nous ne suppose pas que la justice est belle et bonne ? Où donc se situe la contradiction ? Elle naît de l'adaptation des précognitions aux cas particuliers. Lorsqu'un homme dit : "Il a bien agi : c'est un homme courageux", et qu'un autre dit : "Non, il a agi sottement", des conflits surgissent entre les hommes. Telle est la dispute entre les Juifs, les Syriens, les Égyptiens et les Romains : il ne s'agit pas de savoir si la sainteté doit être préférée à tout et recherchée dans tous les cas, mais de savoir s'il est saint de manger de la chair de porc ou s'il ne l'est pas. Vous trouverez également cette dispute entre Agamemnon et Achille ; appelez-les. Que dis-tu, Agamemnon ? Ne faut-il pas faire ce qui est convenable et juste ? "Certainement. Qu'en dis-tu, Achille ? N'admets-tu pas que ce qui est bon doit être fait ? "Certainement." Adapte donc tes prévisions à la situation actuelle. C'est ici que la dispute commence. Agamemnon dit : "Je ne dois pas remettre Chryseis à son père." Achille répond : "Tu dois le faire." Il est certain que l'un des deux fait une mauvaise adaptation de la précognition du "devoir". De plus, Agamemnon dit : "Si je dois rendre Chryseis, il convient que je prenne son prix à certains d'entre vous."

Achille répond : "Veux-tu donc prendre celle que j'aime ?" "Oui, celle que tu aimes." "Dois-je donc être le seul homme à ne pas avoir de prix ? Et dois-je être le seul homme à ne pas avoir de prix ?" C'est ainsi que commence la dispute.

Qu'est-ce que l'éducation ? L'éducation, c'est apprendre à adapter ses instincts naturels à des situations spécifiques, en accord avec la nature. C'est aussi comprendre que certaines choses sont sous notre contrôle, alors que d'autres ne le sont pas. Notre volonté et toutes les actions influencées par notre volonté sont sous notre contrôle. Les choses que nous ne contrôlons pas sont notre corps physique, les parties de notre corps, nos biens, nos parents, nos frères et sœurs, nos enfants, notre pays et, d'une manière générale, toutes les personnes avec lesquelles nous interagissons dans la société.

Maintenant, où trouver le bien ? Sur quoi devons-nous l'aligner ? "Faut-il l'aligner sur des choses que l'on peut contrôler ? Mais la santé n'est-elle pas une bonne chose, de même que le fait d'avoir un corps physique sain et d'avoir une vie ? Et qu'en est-il des enfants, des parents, du pays ? Qui vous tolérerait si vous niez cela ?

Appliquons maintenant le concept de bonté à ces choses. Est-il donc possible qu'un homme soit heureux lorsqu'il subit un préjudice

## CHAPITRE 22 — Sur les précognitions

et n'obtient pas de bien ? "Ce n'est pas possible. Et peut-il se comporter correctement vis-à-vis de la société ? Il ne le peut pas. Car je suis naturellement enclin à m'occuper de mes propres intérêts. S'il est dans mon intérêt d'avoir une terre, il est aussi dans mon intérêt de la prendre à mon voisin. S'il est dans mon intérêt d'avoir un vêtement, il est aussi dans mon intérêt de le voler au bain. C'est la cause profonde des guerres, des troubles civils, des dictatures et des conspirations. Et comment puis-je remplir mon devoir envers Zeus ? Si je souffre du mal et du malheur, il ne se soucie pas de moi, et à quoi bon s'il me laisse dans l'état où je suis ? Je commence à le mépriser. Alors pourquoi construisons-nous des temples et érigeons-nous des statues pour Zeus, ainsi que pour des esprits maléfiques comme la fièvre ? Et comment Zeus est-il considéré comme le Sauveur et le Porteur de la pluie et de la fertilité ? En vérité, si nous attribuons la nature du Bien à ces choses, tout cela s'ensuit logiquement.

Que faire alors ? C'est la question que se pose le vrai philosophe en proie au travail. "Je ne vois pas ce qu'est le bien et ce qu'est le mal. Ne suis-je pas fou ? Oui." Mais si je place le bien quelque part parmi les choses qui dépendent de la volonté, tout le monde se moquera de moi. Un homme à la tête grise, portant de nombreuses bagues d'or aux doigts, viendra et dira en secouant la tête : "Écoute, mon enfant, il est juste que tu philosophes. C'est bien que tu philosophes, mais tu devrais aussi avoir un peu de cervelle : tout ce que tu fais est stupide. Les philosophes t'apprennent le syllogisme ; mais tu sais mieux agir que les philosophes." Pourquoi donc me blâmes-tu si je sais ? Que dois-je dire à cet esclave ? Si je me tais, il éclatera. Je dois parler de cette façon : "Excusez-moi, comme vous excuseriez les amoureux : je ne suis pas mon propre maître : Je suis fou."

### De la leçon...

Adaptez vos idées préconçues à la situation actuelle et apprenez à faire la différence entre ce que vous pouvez contrôler et ce que vous ne pouvez pas contrôler, afin de vivre une vie satisfaisante et moralement correcte.

# CHAPITRE 22 — Sur les précognitions

**À l'action !**

(1) Reconnaître que les précognitions, ou croyances, sont communes à tous les hommes et ne sont pas contradictoires entre elles.

(2) Comprenez que la contradiction apparaît lorsque les précognitions sont appliquées à des cas spécifiques.

(3) Reconnaître que les conflits surviennent lorsque différents individus ont des interprétations différentes de ce qui est bon, juste ou approprié.

(4) Réaliser que l'éducation est le processus d'apprentissage de l'adaptation des précognitions naturelles à des situations spécifiques en accord avec la nature.

(5) Comprendre que certaines choses sont sous notre contrôle (volonté et actions), alors que d'autres ne le sont pas (corps, biens, famille, etc.).

(6) Associer la notion de bien à des éléments sur lesquels nous avons le contrôle, tels que la santé, les relations et les intérêts personnels.

(7) Reconnaître que le fait de subir des dommages sans obtenir de bonnes choses et d'être incapable de maintenir un comportement correct vis-à-vis de la société empêchera d'être heureux.

(8) Être attentif à l'intérêt personnel et aux conséquences négatives qu'il peut avoir sur les autres et sur la société dans son ensemble.

(9) Remettre en question le rôle des dieux et la notion de bien placé dans des entités extérieures.

(10) Réfléchissez à l'enquête du vrai philosophe qui travaille et cherche à comprendre la nature du bien et du mal.

(11) Envisager de placer la notion de bien parmi les choses qui dépendent de la volonté, malgré les critiques potentielles des autres.

# CHAPITRE 23

## — Contre Épicure

Dans ce chapitre, le philosophe Épicure explore le concept de notre nature sociale innée et ses implications sur nos relations et nos responsabilités. En soulevant des questions sur la nature du bien, notre attachement aux enfants et l'importance de l'engagement politique, Épicure remet en cause les idées reçues et offre une perspective qui peut sembler controversée à certains. En pénétrant dans la complexité des liens humains et des attentes de la société, ses idées nous incitent à réfléchir aux principes fondamentaux qui régissent nos choix et nos relations.

| L'importance de l'affection naturelle et de l'éducation des enfants |
|---|

Même Épicure reconnaît que nous sommes des êtres intrinsèquement sociaux, mais dès lors qu'il place notre bien uniquement dans les possessions matérielles, il ne peut plus apporter d'éclaircissement. Au contraire, il soutient fermement que nous ne devrions pas admirer ou accepter quoi que ce soit qui soit déconnecté de l'essence du bien, et il a raison de l'affirmer. Alors, comment pouvons-nous manquer d'affection naturelle pour nos enfants ? Pourquoi conseillez-vous au sage de ne pas élever d'enfants ? Pourquoi craignez-vous qu'il en résulte des problèmes ? Après tout, a-t-il des ennuis à cause d'une souris élevée dans sa maison ? En quoi se préoccupe-t-il des lamentations de la petite souris ? Mais Épicure comprend qu'une fois qu'un enfant est né, nous sommes tenus de l'aimer et d'en prendre soin. C'est pourquoi Épicure affirme qu'une

# CHAPITRE 23 — Contre Épicure

personne sensée ne devrait pas s'impliquer dans les affaires politiques, car elle connaît les responsabilités qui en découlent. En effet, si vous souhaitez vous comporter avec les autres comme vous le feriez avec un essaim de mouches, qu'est-ce qui vous en empêche ? Pourtant, Épicure, fort de cette connaissance, affirme hardiment qu'il faut éviter d'élever des enfants. Pourtant, une brebis n'abandonne pas sa progéniture, pas plus qu'un loup. L'homme doit-il donc abandonner son enfant ? Que voulez-vous dire par là ? Que nous devrions être aussi stupides que des brebis ? Mais eux non plus n'abandonnent pas leurs petits. Ou vicieux comme les loups ? Mais même les loups n'abandonnent pas leur progéniture. Alors, qui suivrait votre conseil s'il voyait son enfant pleurer après une chute ? Personnellement, je crois que même si votre père et votre mère avaient été informés par un oracle que vous tiendriez de tels propos, ils ne vous auraient pas mis à l'écart.

### De la leçon...

Embrassez et chérissez l'affection naturelle envers vos enfants, car il s'agit d'un lien précieux qui ne peut être séparé de l'essence de la bonté.

### À l'action !

(1) Reconsidérer le concept de placer notre bien dans des objets ou des possessions externes, tel que préconisé par Épicure.
(2) Réfléchissez à l'idée de ne pas admirer ou accepter ce qui est détaché de la nature du bien.
(3) S'interroger sur le manque d'affection naturelle à l'égard de nos enfants et sur les conséquences que cela peut avoir sur nos vies.
(4) Analysez le raisonnement d'Épicure qui déconseille d'élever des enfants et les problèmes potentiels que cela peut entraîner.
(5) Évaluer la notion selon laquelle l'engagement dans des questions politiques peut entraîner des difficultés et les conséquences auxquelles il faut faire face lorsqu'on s'engage dans de telles activités.
(6) Examinez les arguments concernant les instincts naturels des animaux, tels que les moutons et les loups, qui n'abandonnent pas leur progéniture, et le lien avec le comportement de l'homme envers ses enfants.

(7) Réfléchissez à la réaction que vous auriez à l'égard d'un enfant en détresse et demandez-vous si elle correspond au point de vue d'Épicure sur la nécessité de ne pas élever d'enfants.

(8) Réfléchissez aux actions de vos propres parents et à leur réaction probable face à vos convictions, afin de réévaluer votre point de vue.

# CHAPITRE 24

## — Comment lutter contre les circonstances

Acceptez les défis que la vie vous présente, car c'est à travers ces épreuves que se révèle le vrai caractère. Face aux difficultés, rappelez-vous que les forces divines vous ont opposé à un adversaire redoutable, à l'instar d'un lutteur mis à l'épreuve par un jeune adversaire coriace. Au lieu de fuir, saisissez cette occasion de devenir un conquérant olympique, en sachant que la grandeur exige d'immenses efforts et de la persévérance. Embarquons pour un voyage à travers les mots perspicaces de Diogène, un scout qui nous offre une perspective différente sur les difficultés de la vie, nous rappelant la liberté et la tranquillité que l'on peut trouver en laissant tomber nos peurs et en embrassant le moment présent. Suivons donc sa sagesse et affrontons courageusement toute adversité qui pourrait se présenter à nous.

### Relever les défis et vivre sans crainte

Les circonstances révèlent le véritable caractère d'une personne. Par conséquent, lorsque vous êtes confronté à une difficulté, gardez à l'esprit que Dieu, à l'instar d'un entraîneur de lutte, vous a mis en présence d'un adversaire coriace. "Pour quelle raison ? demanderez-vous peut-être. Eh bien, c'est pour que vous deveniez un conquérant olympique, mais cet exploit ne se fait pas sans effort. À mon avis, vous avez été confronté à une difficulté qui vous a été très bénéfique,

# CHAPITRE 24 — Comment lutter contre les circonstances

si vous choisissez de l'aborder comme un athlète le ferait face à un adversaire difficile. Nous envoyons actuellement un éclaireur à Rome, mais personne n'envoie un éclaireur lâche qui, au moindre bruit ou à la vue de quoi que ce soit, revient effrayé et signale que l'ennemi est proche. Ainsi, si vous veniez nous dire : "La situation à Rome est effrayante, la mort est terrible, l'exil est terrible, les fausses accusations sont terribles, la pauvreté est terrible ; mes amis, fuyez, car l'ennemi est proche", nous vous répondrions : "Partez et prédisez votre propre avenir ; notre seule erreur a été d'envoyer un tel éclaireur".

Diogène, qui a été envoyé en éclaireur avant toi, nous a donné un rapport différent. Il pense que la mort n'est pas un mal car elle n'est pas déshonorante. Il prétend aussi que la célébrité n'est que le fruit des divagations des fous. Que dit cet espion de la douleur, du plaisir et de la pauvreté ? Il pense qu'il vaut mieux être nu que de porter une robe de luxe, et que le lit le plus doux est la terre nue. Diogène fait valoir son propre courage, sa tranquillité, sa liberté et l'apparence saine et en forme de son corps pour prouver ses dires. "Il n'y a pas d'ennemi, déclare-t-il, tout est paisible. Comment est-ce possible, Diogène ? "Regarde, répond-il, si j'ai été frappé, blessé ou si j'ai déjà fui quelqu'un." Voilà ce que doit être un éclaireur. Mais vous venez nous donner des informations contradictoires. Ne reviendras-tu pas en arrière et ne verras-tu pas les choses plus clairement quand tu auras laissé tomber la peur ?

Que dois-je faire alors ? Quelle est la marche à suivre lorsque l'on quitte un navire ? Dois-je garder le contrôle de la barre ou des rames ? Que dois-je emporter ? Je ne dois prendre que ce qui m'appartient, comme ma bouteille et mon portefeuille. Si je me concentre sur ce qui me revient de droit, je ne revendiquerai jamais ce qui appartient à d'autres. L'empereur ordonne : "Enlève ton laticlave." Regardez, je porte maintenant l'angusticlave. "Enlevez-le aussi." Il ne me reste plus que ma toge. "Enlève ta toge." Je suis maintenant debout, nu. "Pourtant, tu suscites encore l'envie en moi." Dans ce cas, prenez tout mon corps appauvri. Si je peux me débarrasser volontairement de mon corps sur l'ordre de quelqu'un, y a-t-il une raison de le craindre ?

Cependant, une certaine personne refuse de me transmettre son patrimoine. Et maintenant, qu'en est-il ? Aurais-je oublié qu'aucune de ces choses ne m'appartenait. Comment peut-on alors les considérer comme miennes ? C'est comme le lit d'une auberge. Si donc l'aubergiste, à sa mort, vous laisse les lits, c'est bien ; mais s'il les laisse à quelqu'un d'autre, celui-ci les aura, et vous devrez trouver un autre lit. Si vous n'en trouvez pas, dormez par terre de bon gré et ronflez, et souvenez-vous que les tragédies sont réservées aux riches, aux rois et aux tyrans. En revanche, un pauvre ne participe pas à la tragédie, si ce n'est en tant que membre du chœur. Les rois commencent en effet par la prospérité : Ils "ornent les palais de guirlandes", mais au troisième ou quatrième acte, ils s'écrient : "Ô Cithéron, pourquoi m'as-tu accepté ?". Esclave, où sont les couronnes, où est le diadème ? Les gardes ne peuvent absolument pas vous aider. Ainsi, lorsque vous vous approchez de l'un de ces individus, rappelez-vous que vous vous approchez d'un tragédien, non pas de l'acteur, mais d'Œdipe lui-même. Mais vous pouvez dire : "Un tel homme est heureux parce qu'il est toujours entouré de beaucoup de gens." Et moi aussi, je m'associe à la foule et je marche parmi les autres. En conclusion, souvenez-vous de ceci : la porte est ouverte, ne soyez pas plus timides que les petits enfants. Mais comme on dit, quand quelque chose leur déplaît, "je ne jouerai plus", vous devez aussi dire, quand des choses de cette nature apparaissent, "je ne participerai plus", et partir. Mais si vous décidez de rester, ne vous plaignez pas.

### De la leçon...

Acceptez les difficultés, affrontez la peur avec courage et rappelez-vous que le vrai bonheur vient de l'intérieur, et non des possessions extérieures ou de l'opinion des autres.

### À l'action !

(1) Lorsque vous êtes confronté à des difficultés, n'oubliez pas qu'il s'agit d'opportunités de croissance et d'amélioration de soi, tout comme un entraîneur confronte un lutteur à un adversaire difficile.
(2) Accepter et utiliser les circonstances difficiles, en les traitant comme un athlète face à un adversaire coriace.

# CHAPITRE 24 — Comment lutter contre les circonstances

(3) Ne soyez pas un scout lâche qui exagère et répand la peur ; abordez plutôt les situations avec courage et résilience.

(4) Ne mettez pas l'accent sur les aspects négatifs et ne répandez pas la peur, mais fournissez plutôt des informations objectives et précises.

(5) Inspirez-vous de Diogène, qui voyait différemment la mort, la célébrité, la douleur, le plaisir et la pauvreté. Adoptez un état d'esprit où ces choses ont moins de pouvoir sur vous.

(6) Concentrez-vous sur ce qui vous appartient vraiment et ne revendiquez pas ce qui appartient aux autres. Laissez tomber les possessions matérielles ou la reconnaissance extérieure.

(7) Surmontez la peur de perdre votre statut ou vos biens en reconnaissant leur nature éphémère et en réalisant l'insignifiance de l'envie.

(8) Remettez en question la notion de propriété et comprenez que les choses sont temporaires et peuvent être remplacées.

(9) Approcher les personnes puissantes ou en position d'autorité en sachant qu'elles ne sont que des acteurs dans le grand schéma de la vie, comme les tragédiens, et qu'il ne faut pas les craindre.

(10) Ne vous comparez pas aux autres et ne cherchez pas le bonheur dans les biens matériels ou la popularité ; trouvez le contentement en vous-même et dans vos propres actions.

(11) Reconnaissez qu'une situation ou un environnement ne sert plus votre bien-être et ayez le courage de vous en détacher.

(12) Adoptez une simplicité et une honnêteté enfantines en rejetant les choses qui ne vous apportent pas de joie ou d'épanouissement.

(13) Acceptez la responsabilité personnelle de vos choix et de vos actions, et évitez de vous plaindre ou de blâmer les autres pour votre situation.

# CHAPITRE 25

## — Sur le même

Dans un monde où le pouvoir réside dans notre propre volonté et où nous ne sommes pas affectés par les actions des autres, pourquoi persistons-nous à être perturbés et craintifs ? Telles sont les questions pressantes posées par l'auteur, qui remet en cause notre tendance à convoiter ce qui ne nous revient pas de droit et à perdre de vue ce qui compte vraiment. Bien que Zeus, la force divine qui nous guide, nous ait déjà donné des instructions explicites, pourquoi cherchons-nous encore à être guidés ? Ce passage, qui donne à réfléchir, nous incite à examiner nos actions et nos choix, nous rappelant que l'épanouissement véritable passe par l'adhésion aux principes qui nous ont été conférés par une autorité supérieure.

| Trouver la paix et la liberté par l'acceptation et la maîtrise de soi |
|---|

Si ces choses sont vraies, et si nous ne sommes pas stupides et hypocrites lorsque nous affirmons que la volonté est la source du bien et du mal pour l'humanité, et que rien d'autre ne nous importe, alors pourquoi sommes-nous encore troublés ? Pourquoi avons-nous encore peur ? Les questions qui ont occupé notre attention sont hors de notre contrôle, et nous ne nous soucions pas des questions qui sont sous le contrôle des autres. Quel genre de problème avons-nous encore ?

"Mais donnez-moi des indications." Pourquoi devrais-je te donner des indications ? Zeus ne t'a-t-il pas donné des indications ?

Ne t'a-t-il pas donné ce qui t'appartient, libre de toute entrave et de tout obstacle, et ce qui ne t'appartient pas, soumis à des entraves et à des obstacles ? Quelles instructions, quels ordres avez-vous donc apportés lorsque vous êtes venus de sa part ? Gardez par tous les moyens ce qui vous appartient ; ne désirez pas ce qui appartient à d'autres. La fidélité t'appartient, la pudeur vertueuse t'appartient ; qui donc peut t'enlever ces choses ? Qui d'autre que toi-même t'empêchera d'en faire usage ? Mais comment agis-tu ? Quand tu cherches ce qui ne t'appartient pas, tu perds ce qui t'appartient. Après avoir reçu de Zeus de tels conseils et de tels ordres, que me demandes-tu encore ? Suis-je plus puissant que lui, suis-je plus digne de confiance ? Mais si tu les observes, en veux-tu d'autres encore ? "Mais il n'a pas donné ces ordres", diras-tu. Produisez vos précognitions, produisez les preuves des philosophes, produisez ce que vous avez souvent entendu, et produisez ce que vous avez dit vous-même, produisez ce que vous avez lu, produisez ce que vous avez médité (et vous verrez alors que toutes ces choses sont de Dieu). Combien de temps donc convient-il d'observer ces préceptes de Dieu et de ne pas interrompre la pièce ? Aussi longtemps que la pièce se poursuit dans les règles de l'art. Dans les Saturnales, un roi est tiré au sort, car c'est la coutume de jouer à ce jeu. Le roi ordonne : "Vous buvez", "Vous mélangez le vin", "Vous chantez", "Vous partez", "Vous venez". J'obéis pour que le jeu soit interrompu par moi. Mais s'il dit : "Pense que tu es dans une mauvaise passe", je réponds : "Je ne le pense pas", et qui m'oblige à le penser ? Par ailleurs, nous avons convenu de jouer Agamemnon et Achille. Celui qui est désigné pour jouer Agamemnon me dit : "Va voir Achille et arrache-lui Briseis". J'y vais. Il dit : "Viens", et je viens.

La façon dont nous traitons les arguments hypothétiques devrait être la même dans la vie. Disons qu'il fait nuit. Je suppose qu'il fait effectivement nuit. Alors, c'est le jour ? Non, car j'ai déjà supposé que c'était la nuit. Supposons que vous pensiez qu'il fait nuit. Je suppose que c'est le cas. Mais croyez-vous aussi que c'est la nuit ? Cela contredit l'hypothèse initiale. Dans ce cas, supposons que vous soyez malchanceux. D'accord, supposons-le. Cela vous rend-il malheureux ? Oui. Avez-vous un démon défavorable qui vous dérange ? Oui. Cependant, penser que vous êtes malheureux contredit l'hypothèse de départ, et quelqu'un d'autre m'interdit de penser ainsi.

Combien de temps devons-nous donc obéir à de tels ordres ? Nous y obéissons aussi longtemps qu'ils sont profitables et que je maintiens ce qui est juste et cohérent. Cependant, il y a des hommes qui sont amers et qui ont un mauvais caractère. Ils disent : "Je ne peux pas m'asseoir avec cet homme et l'écouter parler sans cesse de ses exploits en Mysie : 'Je t'ai raconté, mon frère, comment j'ai gravi la colline, puis j'ai été de nouveau assiégé'". D'un autre côté, il y a ceux qui disent : "Je préfère prendre mon repas et l'écouter parler autant qu'il veut." Comparez donc ces points de vue : ne faites rien lorsque vous vous sentez déprimé, que vous avez l'impression de souffrir ou d'être dans la misère, car personne ne vous oblige à vous sentir ainsi. Y a-t-il de la fumée dans la pièce ? Si la fumée est supportable, je reste ; si elle est excessive, je pars. Souvenez-vous toujours de ceci : la porte est ouverte. Vous me direz peut-être : "N'habitez pas à Nicopolis." Je n'y vivrai pas. "Pas à Athènes." Je ne vivrai pas à Athènes. "Ou à Rome." Je ne vivrai pas à Rome. "Vivre à Gyarus." D'accord, je vivrai à Gyarus, mais il semble que ce soit très désagréable. J'irai donc dans un endroit où personne ne pourra m'empêcher de vivre, parce que cet endroit est ouvert à tous. Et pour ce qui est du dernier bien, c'est-à-dire le pauvre corps, personne n'a de pouvoir sur moi en dehors de cela. C'est pourquoi Démétrius a dit à Néron : "Tu me menaces de mort, mais c'est la nature qui te menace". Si je m'attache à mon pauvre corps, je me suis fait esclave. Si je fais une fixation sur mes maigres possessions, je me suis aussi rendu esclave. Parce que je révèle immédiatement ce qui peut me capturer, comme un serpent qui rentre sa tête, je te dis de frapper la partie qu'il garde. Et soyez sûrs que, quelle que soit la partie que vous choisissez de garder, c'est celle que votre maître attaquera. En gardant cela à l'esprit, qui allez-vous encore flatter ou craindre ?

Mais j'aimerais m'asseoir là où les sénateurs s'assoient. Voyez-vous que vous vous mettez dans des situations difficiles, que vous vous enfermez. Comment pourrais-je alors avoir une bonne vue de l'amphithéâtre d'une autre manière ? Homme, ne sois pas un simple

# CHAPITRE 25 — Sur le même

spectateur, et tu ne te sentiras pas confiné. Pourquoi t'imposer un tel fardeau ? Ou bien attendez un peu, et une fois le spectacle terminé, prenez place dans la section réservée aux Sénateurs et profitez du soleil. Pour se rappeler cette simple vérité, que c'est nous qui nous enfermons, qui nous mettons dans des situations difficiles ; c'est-à-dire que nos opinions nous enferment et nous mettent dans des situations difficiles. Car que signifie être insulté ? Placez-vous à côté d'une pierre et insultez-la, et qu'obtiendrez-vous ? Si donc une personne reste insensible comme une pierre, quel est l'intérêt de l'insulteur ? Mais si l'insulteur profite de la vulnérabilité de la personne insultée, il accomplit quelque chose. "Débarrassez-vous de lui." Qu'entendez-vous par "lui" ? Attraper son vêtement, l'enlever. "Je t'ai offensé." Que cela vous apporte de la chance.

C'était la pratique de Socrate ; c'est la raison pour laquelle il a toujours eu un comportement cohérent. Cependant, nous choisissons de nous concentrer sur la pratique et l'étude de tout ce qui n'est pas le moyen par lequel nous pouvons atteindre une liberté sans entrave. Vous pouvez dire : "Les philosophes parlent par paradoxes". Mais n'y a-t-il pas des paradoxes dans d'autres domaines également ? Et quoi de plus paradoxal que de blesser délibérément l'œil d'une personne pour qu'elle voie mieux ? Si quelqu'un disait cela à une personne qui ne connaît rien au domaine de la chirurgie, ne se moquerait-elle pas de l'orateur ? Il ne faut donc pas s'étonner qu'en philosophie, beaucoup de choses vraies puissent paraître paradoxales à ceux qui manquent d'expérience.

### De la leçon...

Observez et conservez ce qui vous revient de droit, abstenez-vous de convoiter les biens d'autrui et refusez de laisser les circonstances extérieures dicter votre bien-être et votre tranquillité d'esprit.

### À l'action !

(1) Comprendre que le bien et le mal dans la vie d'une personne sont influencés par sa propre volonté et non par des circonstances extérieures.
(2) Reconnaître que les choses qui échappent à notre contrôle ne doivent pas être une source de perturbation ou de peur.

# CHAPITRE 25 — Sur le même

(3) Rappelez-vous qu'une puissance supérieure nous a donné la possibilité de faire des choix et de prendre des décisions, et que nous devrions nous concentrer sur ce qui est sous notre contrôle.

(4) Soyez fidèles et vertueux, car ces qualités ne peuvent nous être enlevées que si nous le permettons.

(5) Ne pas désirer ce qui appartient aux autres, mais s'efforcer de conserver et d'apprécier ce qui nous appartient.

(6) Observez les enseignements et les préceptes de Dieu, car ils vous guident dans une vie pleine de sens et d'épanouissement.

(7) Ne pas chercher de directives ou d'ordres extérieurs lorsque nous avons déjà été guidés par une puissance supérieure.

(8) Avoir confiance en soi pour prendre des décisions basées sur les enseignements reçus.

(9) Ne pas laisser les circonstances extérieures ou les pensées négatives dicter notre bonheur ou notre état d'esprit.

(10) Rappelez-vous que nous avons le pouvoir de choisir la façon dont nous percevons les situations et y réagissons.

(11) Obéir aux instructions et aux ordres tant qu'ils sont bénéfiques et conformes à la morale.

(12) Éviter les activités ou les conversations qui nous tirent vers le bas ou nous donnent un sentiment négatif.

(13) Reconnaître que nous avons la liberté de choisir où et comment nous vivons, et que les opinions ou les actions des autres ne doivent pas nous restreindre.

(14) Éviter de se mettre dans des situations où l'on se sent confiné ou contraint.

(15) Ne pas rechercher la validation ou l'approbation des autres, mais se concentrer sur son propre bien-être et son propre bonheur.

(16) Ne pas laisser les opinions ou les actions des autres avoir un impact sur notre propre estime de soi ou notre confiance.

(17) Rappelez-vous que les insultes et les moqueries n'ont de pouvoir sur nous que si nous nous laissons affecter par elles.

(18) Se concentrer sur la recherche de la liberté et de l'affranchissement des contraintes liées à nos propres pensées et opinions.

(19) Accepter la nature paradoxale des enseignements et des idées philosophiques, car ils peuvent remettre en question les croyances conventionnelles.

(20) Chercher à comprendre et à apprécier la sagesse des enseignements philosophiques, même s'ils peuvent sembler contradictoires ou difficiles à comprendre.

# CHAPITRE 26

## — Quelle est la loi de la vie ?

Dans sa quête de sagesse et d'amélioration personnelle, Épictète, un philosophe de l'Antiquité, a souligné l'importance d'aligner ses actions sur l'ordre naturel des choses. Tout en reconnaissant la valeur de la théorie philosophique, Épictète a souligné les défis qui se posent lorsqu'on applique ces principes aux complexités de la vie quotidienne. Selon lui, la véritable compréhension commence par la reconnaissance des limites de ses propres capacités de raisonnement et de la nécessité de cultiver une faculté intérieure forte et perspicace. Ce voyage introspectif constitue, selon lui, le fondement de la philosophie et sert de guide pour naviguer dans les méandres de l'existence.

### L'importance de comprendre et d'appliquer la philosophie

Lorsqu'une personne lisait des arguments hypothétiques, Épictète disait : "C'est aussi une loi hypothétique que nous devons accepter ce qui découle de l'hypothèse. Mais bien avant cette loi, il y a la loi de la vie, qui veut que nous agissions conformément à la nature. En effet, si, en toute matière et en toute circonstance, nous voulons observer ce qui est naturel, il est évident qu'en toute chose nous devons viser à ce que la conséquence ne nous échappe pas et que nous n'admettions pas la contradiction."

"Les philosophes nous exercent donc d'abord à la théorie, ce qui est plus facile, puis ils nous conduisent ensuite aux choses plus difficiles ; car en théorie, il n'y a rien qui nous détourne de suivre ce qui est enseigné ; mais dans les choses de la vie, nombreuses sont les choses qui nous distraient."

Il est donc ridicule de dire que l'on veut commencer par les choses de la vie, car il n'est pas facile de commencer par les choses les plus difficiles, et nous devrions nous servir de ce fait comme d'un argument pour les parents qui sont vexés de voir leurs enfants apprendre la philosophie : "Est-ce donc que je fais fausse route, mon père, et est-ce que je ne sais pas ce qui me convient et ce qui est en train de devenir ? Si cela ne peut ni s'apprendre ni s'enseigner, pourquoi me blâmer ? Mais si cela peut s'enseigner, enseigne-moi ; et si tu ne le peux pas, permets-moi d'apprendre de ceux qui disent qu'ils savent enseigner. Car que pensez-vous ? Pensez-vous que je tombe volontairement dans le mal et que je manque le bien ? J'espère qu'il n'en est pas ainsi. Quelle est donc la cause de mon mal ? L'ignorance. Ne souhaites-tu donc pas que je me débarrasse de mon ignorance ? Qui a jamais appris par la colère l'art du pilotage ou de la musique ? Penses-tu donc que c'est par ta colère que j'apprendrai l'art de la vie ?

"Il n'est permis de parler ainsi que si l'on a manifesté une telle intention. Mais si un homme qui veut seulement paraître dans un banquet et montrer qu'il connaît les arguments hypothétiques les lit et regarde les philosophes, quel autre but a-t-il que d'admirer un homme de rang sénatorial qui est assis à côté de lui ? Car c'est là que se trouvent les vrais grands matériaux, et les richesses d'ici semblent être des bagatelles là. C'est pourquoi il est difficile à un homme d'être maître des apparences, là où les choses qui troublent le jugement sont grandes".

"Je connais une personne qui se plaignait, en embrassant les genoux d'Epaphrodite, qu'il ne lui restait que cent cinquante fois dix mille deniers. Qu'a fait Epaphrodite ? S'est-il moqué de lui, comme nous, les esclaves d'Epaphrodite ? Non, mais il s'écria avec étonnement : "Pauvre homme, comment as-tu gardé le silence, comment as-tu supporté cela ?

Lorsque Épictète réprimanda la personne qui lisait les arguments hypothétiques et le professeur qui avait suggéré la lecture, et que le professeur se moqua du lecteur, Épictète dit au professeur : "Tu te moques de toi-même ; tu n'as pas préparé le jeune homme et tu n'as même pas vérifié s'il était capable de comprendre ces questions. Peut-être te sers-tu de lui comme d'un lecteur." Alors, dit Épictète, si une personne n'a pas la capacité de comprendre quelque chose de complexe, pouvons-nous faire confiance à son jugement lorsqu'il s'agit de donner des louanges ou des blâmes ? Pouvons-nous croire qu'elle est capable de se faire une opinion sur ce qui est bon ou mauvais ? Et si une telle personne critique quelqu'un, se soucie-t-elle réellement de la critique ? Et si elle loue quelqu'un, cette personne est-elle vraiment ravie, alors que même dans un simple syllogisme hypothétique, celui qui loue ne peut pas voir la conséquence de l'hypothèse ?

Voilà donc le commencement de la philosophie, la perception par l'homme de l'état de sa faculté dominante ; car lorsqu'un homme sait qu'elle est faible, alors il ne l'emploiera pas dans les choses les plus difficiles. Mais de nos jours, si les hommes ne peuvent même pas avaler un morceau, ils achètent des volumes entiers et essaient de les dévorer, et c'est pourquoi ils les vomissent ou souffrent d'indigestion : puis viennent les crises, les défluxions et les fièvres. Ces hommes devraient s'interroger sur leurs capacités. En théorie, il est facile de convaincre un ignorant ; mais dans la réalité, personne ne se laisse convaincre, et nous détestons l'homme qui nous a convaincus. Mais Socrate nous a conseillé de ne pas vivre une vie qui n'est pas soumise à l'examen.

### De la leçon...

Comprendre les lois fondamentales de la vie et leur donner la priorité, rechercher la sagesse et l'enrichissement personnel par la philosophie, et ne pas se laisser influencer par les apparences superficielles et les pressions extérieures.

### À l'action !

(1) Accepter ce qui découle de l'hypothèse dans les arguments hypothétiques, mais donner la priorité à l'action en accord avec la nature.
(2) Veiller à ce que rien de contradictoire n'échappe à notre attention.

# CHAPITRE 26 — Quelle est la loi de la vie ?

(3) Commencez par des exercices théoriques de philosophie avant de passer à des questions pratiques plus difficiles.

(4) Utiliser la difficulté de la vie pratique comme argument pour justifier l'apprentissage de la philosophie.

(5) Contester l'idée que l'ignorance est à l'origine des actes répréhensibles et plaider en faveur de l'élimination de l'ignorance par l'apprentissage.

(6) Rejeter l'idée que la colère peut enseigner l'art de vivre et préconiser la recherche de connaissances auprès de ceux qui prétendent savoir.

(7) Mettez en garde contre le fait de se laisser aller aux apparences et aux possessions matérielles, car elles peuvent obscurcir le jugement.

(8) Faites preuve d'empathie à l'égard des difficultés des autres et reconnaissez leurs luttes au lieu de les ridiculiser.

(9) Critiquer les enseignants qui ne préparent pas et n'évaluent pas soigneusement les capacités de leurs élèves avant de leur confier des tâches.

(10) Mettre en doute la crédibilité et le jugement des personnes qui n'ont pas la capacité de comprendre des questions complexes.

(11) Souligner l'importance de la conscience de soi et de la reconnaissance des limites de sa faculté de jugement.

(12) Il est déconseillé d'essayer de consommer de grandes quantités d'informations sans avoir la capacité nécessaire pour les comprendre.

(13) Encourager les individus à examiner leur vie d'un œil critique au lieu de vivre sans se poser de questions.

# CHAPITRE 27

## — De combien de façons les apparences existent-elles, et quelles aides devons-nous leur apporter ?

Dans le domaine des apparences, il existe quatre possibilités : les choses peuvent apparaître telles qu'elles sont réellement ou ne pas apparaître du tout ; elles peuvent exister mais ne pas apparaître, ou elles peuvent ne pas exister tout en semblant être. Il incombe aux personnes instruites de porter des jugements exacts dans tous ces cas. Cependant, face à une contrariété, il est essentiel de trouver une solution. Qu'il s'agisse des sophismes de certains philosophes, de la nature trompeuse des apparences ou du pouvoir de l'habitude, il faut trouver un remède. Un des remèdes contre l'habitude est de cultiver l'habitude contraire. Par ailleurs, face à la peur de la mort, il faut raisonner et trouver du réconfort dans son inéluctabilité. La perturbation causée par le fait de souhaiter quelque chose qui ne se produira peut-être pas doit être affrontée, et si les circonstances extérieures ne peuvent être changées, il faut affronter ses propres limites. Face aux objections des disciples de Pyrrhon et des académiciens, je n'ai pas le temps d'argumenter. Je m'appuie plutôt sur les preuves présentes dans l'affaire en question. Bien que les complexités de la perception restent floues, je suis certain de la distinction entre moi et les autres. Nos actions, guidées par nos intentions, affirment cette vérité. Il est donc essentiel de s'accrocher fermement aux opinions communément admises et de les renforcer.

# CHAPITRE 27 — De combien de façons les apparences existent-elles, et quelles aides devons-nous leur apporter ?

## Maintien de l'opinion générale et renforcement des arguments

Les apparences nous parviennent de quatre façons : les choses peuvent apparaître telles qu'elles sont réellement, elles peuvent ne pas apparaître et nous tromper, elles peuvent exister mais ne pas sembler être ce qu'elles sont, ou elles peuvent ne pas exister mais sembler être. Dans tous ces cas, la formation d'un jugement correct est le devoir d'une personne éduquée. Tout ce qui nous dérange, nous devons y trouver un remède. Si nous sommes troublés par les sophismes de Pyrrhon et des Académiciens, nous devons trouver un moyen de les contrer. Si c'est le pouvoir de persuasion des apparences, qui font que certaines choses paraissent bonnes alors qu'elles ne le sont pas, nous devons chercher à y remédier. Si c'est l'habitude qui nous perturbe, nous devons chercher de l'aide pour la vaincre. Et quelle aide pouvons-nous trouver contre l'habitude ? L'habitude contraire. Lorsque vous entendez des ignorants dire : "Ce pauvre est mort et ses parents sont accablés de chagrin. Ils sont morts trop tôt et dans un pays étranger". Il faut contrer cette façon de parler. Opposez à une habitude son contraire ; opposez au sophisme la raison et la pratique de la raison ; et contre les apparences persuasives, il faut avoir sous la main la connaissance claire et pure. Quand la mort apparaît comme un mal, il faut se souvenir de cette règle : il est bon d'éviter les choses mauvaises, et la mort est une chose nécessaire. En effet, que pouvons-nous faire et où pouvons-nous y échapper ? Même si nous ne sommes pas comme Sarpédon, le fils de Zeus, qui peut parler si noblement, nous pouvons quand même raisonner de cette façon. Dis-moi, où puis-je échapper à la mort ? Montre-moi le pays et les gens que la mort ne visite pas. Montre-moi un charme contre la mort. Si je n'en ai pas, que voulez-vous que je fasse ? Je ne peux pas échapper à la mort. Ne devrais-je pas alors échapper à la peur de la mort, mais plutôt mourir en me lamentant et en tremblant ? Car la racine de la détresse est de désirer quelque chose qui n'arrive pas. Par conséquent, si je peux changer les circonstances extérieures selon mes souhaits, je le ferai. Mais si je ne le peux pas, je suis prêt à arracher les yeux de quiconque m'en empêche. Car la nature de l'être humain est de ne pas tolérer d'être privé de ce qui est bon et de ne pas tolérer

# CHAPITRE 27 — De combien de façons les apparences existent-elles, et quelles aides devons-nous leur apporter ?

de tomber dans ce qui est mauvais. Enfin, lorsque je suis à la fois incapable de changer les circonstances et de faire du mal à ceux qui me gênent, je m'assois, je gémis et je maudis qui je peux - Zeus et les autres dieux. Car s'ils ne se soucient pas de moi, que sont-ils pour moi ? "Oui, mais alors tu seras impie." En quoi la situation sera-t-elle pire pour moi qu'elle ne l'est déjà ? En conclusion, souvenez-vous de ceci : si la piété et l'intérêt personnel ne s'accordent pas, la vraie piété ne peut exister chez personne. Ces choses ne vous semblent-elles pas nécessaires ?

Que les disciples de Pyrrho et les académiciens viennent faire valoir leurs objections. Pour ma part, je n'ai pas le temps de m'occuper de ces disputes et je ne peux pas non plus défendre un consensus commun. Si j'avais un litige juridique, ne serait-ce que pour un terrain, je ferais appel à quelqu'un d'autre pour défendre mes intérêts. Alors de quelles preuves suis-je satisfait ? Je me contente de ce qui est pertinent pour le sujet traité. La manière dont la perception est obtenue, que ce soit par l'intermédiaire du corps entier ou d'une partie spécifique, est peut-être au-delà de ma capacité à l'expliquer, car les deux opinions me déconcertent. Cependant, je suis parfaitement certain que vous et moi ne sommes pas identiques. "Comment le savez-vous ? Lorsque j'ai l'intention d'avaler quelque chose, je ne le porte jamais à ta bouche, mais à la mienne. Quand j'ai l'intention de manger du pain, je ne prends jamais un balai, mais je vais toujours vers le pain. Et vous, qui rejetez l'évidence des sens, n'agissez-vous pas de la même manière ? Quand l'un d'entre vous a l'intention d'entrer dans un bain, n'entre-t-il pas plutôt dans un moulin ? Qu'en est-il alors ? Ne devrions-nous pas, nous aussi, défendre fermement le maintien des croyances populaires et nous renforcer contre les arguments qui s'y opposent ? Qui nie que nous devrions le faire ? Eh bien, c'est à ceux qui en sont capables et qui en ont le loisir de le faire. Quant à ceux qui tremblent, qui sont troublés et intérieurement brisés, ils devraient consacrer leur temps à autre chose.

### De la leçon...

Valoriser la capacité à porter des jugements sains, chercher des solutions aux problèmes, encourager la pensée rationnelle,

# CHAPITRE 27 — De combien de façons les apparences existent-elles, et quelles aides devons-nous leur apporter ?

reconnaître le caractère inévitable de la mort, accepter la nature toujours changeante des facteurs externes et maintenir en harmonie la piété et l'intérêt personnel.

### À l'action !

(1) Se forger un jugement juste dans tous les cas d'apparence et s'éduquer à cet effet.

(2) Identifier et appliquer des remèdes aux désagréments tels que les sophismes de Pyrrhon et des Académiciens, les fausses apparences persuasives et les habitudes néfastes.

(3) Chercher à lutter contre les habitudes néfastes en cultivant des habitudes contraires.

(4) La raison, l'exercice et la discipline de la raison doivent s'opposer aux sophismes.

(5) Développer des précognitions manifestes, débarrassées des impuretés, pour contrer les apparences persuasives.

(6) Reconnaître et accepter la mort comme une chose nécessaire, et éviter de la craindre.

(7) Comprendre que l'origine de la perturbation est le désir que quelque chose se produise et ne se produise pas.

(8) Changer les éléments extérieurs selon ses souhaits si possible ; sinon, accepter la situation ou essayer d'éliminer les obstacles.

(9) Évitez de réagir par des plaintes et des injures lorsque vous n'êtes pas en mesure de changer les circonstances, et réalisez qu'il est inutile de blâmer les dieux.

(10) Maintenir la piété et l'intérêt personnel en alignement pour maintenir une vie vertueuse.

(11) Soyez ouvert aux objections et aux différends, mais donnez la priorité à vos intérêts personnels et évitez de vous empêtrer dans des disputes inutiles.

(12) Faire confiance aux perceptions personnelles et aux preuves sensorielles tout en restant ouvert à d'autres possibilités.

(13) Reconnaître la distinction entre soi et les autres et se fier à ses perceptions en conséquence.

(14) Renforcer ses croyances et ses opinions face aux arguments qui leur sont opposés.

(15) Utiliser efficacement le temps et l'énergie en se concentrant sur la croissance et le développement personnel plutôt que de se laisser envahir par la peur et l'inquiétude.

# CHAPITRE 28

## — Qu'il ne faut pas se mettre en colère contre les hommes, et quelles sont les petites et les grandes choses parmi les hommes

Il s'agit d'une discussion sur les causes de l'assentiment à quoi que ce soit et sur la nature de la compréhension. Il est indéniable que nous sommes enclins à croire les choses qui semblent vraies, tout en étant insatisfaits des faussetés et en refusant de donner notre assentiment en cas d'incertitude. La preuve en est notre incapacité à imaginer le contraire de ce qui semble vrai. Mais que se passe-t-il lorsque quelqu'un donne son assentiment à quelque chose de faux ? Il est important de considérer qu'elle n'avait pas l'intention de le faire sciemment, car toute âme est involontairement privée de la vérité. Dans ce chapitre, nous explorons les concepts de vérité, de mensonge, d'aptitude et de profit, tout en contemplant les actions des individus qui sont induits en erreur et l'origine des grandes actions.

### L'influence des apparences sur les actions humaines

Quelle est la raison de l'assentiment à quoi que ce soit ? La raison est qu'elle semble être vraie. Il n'est donc pas possible d'adhérer à quelque chose qui semble ne pas être vrai. Pourquoi ? Parce qu'il est dans la nature de l'entendement de pencher vers le vrai, de rejeter le faux et de ne pas donner son assentiment en cas d'incertitude. Quelle en est la preuve ? "Imaginez, si vous le pouvez, qu'il fasse nuit. Ce

## CHAPITRE 28 — Qu'il ne faut pas se mettre en colère contre les hommes, et quelles sont les petites et les grandes choses parmi les hommes

n'est pas possible. "Supprimez votre croyance qu'il fait jour." C'est impossible. "Convainquez-vous ou enlevez votre conviction que les étoiles sont en nombre pair." C'est impossible. Par conséquent, lorsqu'une personne adhère à quelque chose de faux, soyez assurés qu'elle n'avait pas l'intention d'adhérer à cette chose comme étant fausse. En effet, comme le dit Platon, toute âme est privée malgré elle de la vérité, mais la fausseté lui a semblé vraie. Eh bien, dans les actions, qu'avons-nous de semblable à la vérité ou à la fausseté ? Nous avons ce qui est approprié et ce qui ne l'est pas, ce qui est bénéfique et ce qui ne l'est pas, ce qui convient à une personne et ce qui ne lui convient pas, et tout ce qui y ressemble. Une personne peut-elle penser que quelque chose lui est bénéfique et ne pas le choisir ? Non, elle ne le peut pas. Comment Médée le dit-elle ?

"C'est vrai, je sais quel mal je vais faire, mais la passion l'emporte sur le bon sens."

Elle pensait que poursuivre sa passion et se venger de son mari serait plus avantageux que de protéger ses enfants. "C'est ce qu'elle croyait, mais elle se trompait. Si vous lui démontrez clairement qu'elle s'est trompée, elle ne le fera pas. Mais tant que vous ne le faites pas, que peut-elle faire d'autre que de suivre ce qui lui semble juste ? Rien d'autre. Alors pourquoi vous mettre en colère contre cette malheureuse femme qui a été trompée sur les choses les plus importantes, et qui s'est transformée en créature venimeuse au lieu d'être un être humain ? Et pourquoi ne pas avoir, si possible, de la compassion pour ceux qui ont été aveuglés et paralysés dans leurs facultés les plus vitales, comme nous le faisons pour les aveugles et les boiteux ?

Quiconque se souvient donc clairement que la mesure de tout acte pour les humains est son apparence - que la chose apparaisse bonne ou mauvaise. S'il paraît bon, il n'a rien à se reprocher. Si elle paraît mauvaise, il en subit lui-même le châtiment. Il est impossible que celui qui est trompé soit la même personne que celui qui souffre. Celui qui se souvient de cela ne se mettra en colère contre personne, ne sera contrarié par personne, n'insultera ni ne blâmera personne, ne haïra ni ne se querellera avec personne.

# CHAPITRE 28 — Qu'il ne faut pas se mettre en colère contre les hommes, et quelles sont les petites et les grandes choses parmi les hommes

Alors, toutes ces grandes et terribles actions ont-elles pour origine les apparences ? Oui, c'est le cas. L'Iliade n'est rien d'autre qu'une apparence et la manipulation des apparences. Pâris pensait qu'il lui serait bénéfique de prendre la femme de Ménélas, tandis qu'Hélène pensait qu'il lui serait bénéfique de suivre Pâris. Si Ménélas avait considéré qu'il était avantageux de perdre une telle épouse, que se serait-il passé ? Non seulement l'Iliade aurait été perdue, mais aussi l'Odyssée. "Alors, est-ce que de si grandes choses dépendent d'une si petite affaire ?" Mais qu'entendez-vous par "de si grandes choses" ? Des guerres, des troubles civils et la destruction de nombreuses personnes et villes. Qu'y a-t-il de si grand là-dedans ? "Ce n'est rien ?" Mais qu'y a-t-il de si grand dans la mort d'un grand nombre de bœufs, de moutons, ou dans l'incendie ou la destruction de nombreux nids d'hirondelles ou de cigognes ? "Ces choses sont-elles semblables à celles-là ? Très semblables. Les corps humains sont détruits, tout comme les corps des bœufs et des moutons. Les maisons humaines sont brûlées, comme les nids de cigognes. Qu'est-ce qui rend cela si grand ou si terrible ? Montrez-moi la différence entre la maison d'un homme et le nid d'une cigogne, car tous deux sont des habitations. La seule différence est que les hommes construisent leurs maisons avec des poutres, des tuiles et des briques, tandis que les cigognes construisent les leurs avec des bâtons et de la boue.

La cigogne et l'homme sont-ils donc semblables ? Qu'en dites-vous ? En termes d'apparence physique, ils sont très semblables. L'homme ne diffère-t-il en rien de la cigogne ? Je ne veux pas dire cela, mais il n'y a pas de différence en la matière. Quelle est donc la différence ? Cherchez et vous découvrirez que la différence réside dans un autre aspect. Demandez-vous si elle ne réside pas dans la capacité de l'homme à comprendre ses actes, dans l'interaction sociale, la loyauté, la modestie, la fermeté et l'intelligence. Où donc les hommes diffèrent-ils en termes de bien et de mal ? C'est dans cet aspect. Si la différence est maintenue et que la modestie, la loyauté et l'intelligence ne sont pas détruites, alors l'homme lui-même est préservé. Cependant, si l'une de ces choses est détruite et envahie, l'homme périt également. C'est là que se trouvent les grandes choses. Vous prétendez que Paris a subi de grands dommages lorsque les

## CHAPITRE 28 — Qu'il ne faut pas se mettre en colère contre les hommes, et quelles sont les petites et les grandes choses parmi les hommes

Grecs ont envahi et ravagé Troie, et lorsque ses frères sont morts. Ce n'est pas vrai, car personne n'est lésé par des actes qui ne sont pas les siens. Ce qui s'est passé à l'époque n'était que la destruction de nids de cigognes. La ruine de Pâris s'est produite lorsqu'il a perdu son sens de la modestie, de la loyauté, de l'hospitalité et de la décence. Quand Achille a-t-il été ruiné ? Est-ce à la mort de Patrocle ? Non, il a été ruiné lorsqu'il s'est mis en colère, lorsqu'il a pleuré une fille et lorsqu'il a oublié qu'il était à Troie pour se battre, et non pour acquérir des maîtresses. Ce sont les choses qui ruinent les hommes, c'est le fait d'être assiégé, c'est la destruction des villes - lorsque les opinions correctes sont détruites, lorsqu'elles sont corrompues.

Lorsque des femmes sont enlevées, lorsque des enfants sont emmenés en captivité et lorsque des hommes sont tués, ne sont-ils pas considérés comme des maux ? Alors pourquoi ajoutez-vous vos opinions à ces faits ? Expliquez-moi cela aussi. "Je ne le ferai pas, mais pourquoi prétendez-vous que ces faits ne sont pas considérés comme des maux ? Parlons des règles : présenter les preuves : parce que nous négligeons cela, nous ne pouvons pas comprendre pleinement les actions des hommes. Quand on veut déterminer des poids, on ne devine pas ; quand on veut déterminer le droit ou le tortueux, on ne devine pas. Dans tous les cas où il est important pour nous de connaître la vérité sur quelque chose, nous ne nous fions jamais aux suppositions. Mais lorsqu'il s'agit de questions qui dépendent de la cause du bien ou du mal, du bonheur ou du malheur, de la chance ou de la malchance, c'est là que nous sommes irréfléchis et imprudents. Il n'y a donc pas de balance, pas de règle, mais une apparence et j'agis immédiatement en fonction d'elle. Dois-je alors me croire supérieur à Achille ou à Agamemnon, qui ont suivi les apparences et ont subi tant de maux ? L'apparence ne devrait-elle pas me suffire ? Et quelle tragédie a un autre début ? L'Atrée d'Euripide, qu'est-ce que c'est ? Une apparence. L'Œdipe de Sophocle, qu'est-ce que c'est ? Une apparence. L'OEdipe de Sophocle, qu'est-ce que c'est ?

Phoenix ? Une apparition. L'Hippolyte ? Une apparition. Quel genre d'homme crois-tu donc qu'il soit, celui qui ne se préoccupe pas de cette question ? Et quel est le nom de ceux qui suivent chaque

# CHAPITRE 28 — Qu'il ne faut pas se mettre en colère contre les hommes, et quelles sont les petites et les grandes choses parmi les hommes

apparition ? "On les appelle des fous." Agissons-nous donc différemment ?

### De la leçon...

Reconnaissez que la mesure de chaque action est basée sur l'apparence, ne vous laissez donc pas tromper par de fausses perceptions et recherchez toujours la vérité.

### À l'action !

(1) Comprendre que l'assentiment à quelque chose est basé sur la croyance que cette chose semble être vraie.
(2) Reconnaître qu'il n'est pas possible de donner son assentiment à quelque chose qui semble faux.
(3) Comprendre que la nature de l'entendement est de pencher vers le vrai, d'être insatisfait du faux et de ne pas donner son assentiment dans les situations incertaines.
(4) Comprenez que lorsque quelqu'un approuve quelque chose de faux, il n'a pas l'intention de le faire, mais il a été trompé en croyant que c'était vrai.
(5) Comprendre que dans les actions, les mêmes principes de vérité et de mensonge s'appliquent, avec les concepts de ce qui convient et de ce qui ne convient pas, de ce qui est rentable et de ce qui ne l'est pas, et de ce qui est convenable et de ce qui ne l'est pas.
(6) Reconnaître qu'une personne ne peut pas penser qu'une chose lui est utile et ne pas la choisir.
(7) Apprenez de l'exemple de Médée, qui a choisi d'assouvir sa passion et de se venger de son mari parce qu'elle pensait que c'était plus rentable que d'épargner ses enfants.
(8) Comprenez que lorsqu'une personne est trompée et incapable de voir la vérité, il est plus approprié de la plaindre que de se mettre en colère ou de la blâmer.
(9) Rappelez-vous que la mesure de chaque acte d'une personne est basée sur l'apparence, qu'il paraisse bon ou mauvais. S'il paraît bon, il n'a rien à se reprocher ; s'il paraît mauvais, il en subit lui-même les conséquences.

## CHAPITRE 28 — Qu'il ne faut pas se mettre en colère contre les hommes, et quelles sont les petites et les grandes choses parmi les hommes

(10) Reconnaître que de nombreuses actions, grandes ou terribles, trouvent leur origine dans les apparences et l'utilisation des apparences.

(11) Réfléchissez à l'exemple de l'Iliade, où Pâris pensait qu'il était avantageux d'enlever la femme de Ménélas et où Hélène pensait qu'il était avantageux de le suivre. Si Ménélas avait cru qu'il était avantageux d'être privé d'une telle épouse, toute l'histoire aurait été différente.

(12) Reconnaître que les guerres, les troubles civils et la destruction de nombreuses vies et villes dépendent des apparences.

(13) Comprendre qu'il n'y a pas de différence significative entre la destruction des habitations humaines et celle des nids d'animaux comme les cigognes, puisque les deux sont liées aux habitations.

(14) Reconnaître que s'il existe des similitudes physiques entre les humains et les animaux, la différence réside dans la compréhension, la communauté sociale, la fidélité, la modestie, la constance et l'intelligence.

(15) Réalisez que le bien et le mal chez les humains sont déterminés par la préservation ou la destruction de ces qualités.

(16) Réfléchissez à la façon dont la ruine d'individus comme Pâris et Achille s'est produite lorsqu'ils ont perdu des vertus importantes comme la modestie, la fidélité, le respect de l'hospitalité et la décence.

(17) Remettre en question l'idée que des événements tels que l'enlèvement de femmes, la capture d'enfants et le meurtre d'hommes sont intrinsèquement mauvais, car ces jugements sont fondés sur des opinions plutôt que sur des faits.

(18) Insister sur la nécessité de faire preuve d'esprit critique et d'appliquer des règles (précognitions) plutôt que de se fier uniquement aux apparences pour juger des actions ou déterminer le bien et le mal.

(19) Reconnaître que les êtres humains agissent souvent de manière imprudente et impulsive lorsqu'il s'agit de questions qui peuvent avoir un impact significatif sur leur bien-être et leur bonheur.

(20) Réfléchissez aux exemples de tragédies comme celles d'Euripide et de Sophocle, où les événements sont dictés par les apparences.

# CHAPITRE 28 — Qu'il ne faut pas se mettre en colère contre les hommes, et quelles sont les petites et les grandes choses parmi les hommes

(21) Réfléchissez aux conséquences d'un manque d'attention aux apparences et aux effets négatifs potentiels qui peuvent résulter du fait de suivre toutes les apparences.

# CHAPITRE 29

## — De la constance

Dans la lutte perpétuelle entre les forces du Bien et du Mal, une vérité fondamentale s'impose : l'alignement d'une personne est déterminé par la nature de sa volonté. Mais comment les facteurs externes entrent-ils en jeu ? Ces facteurs externes, considérés comme des matériaux pour la Volonté, ont le pouvoir de façonner la poursuite du bien ou du mal. La clé réside dans les opinions que l'on a de ces matériaux. Des opinions saines conduisent à une volonté vertueuse, tandis que des croyances déformées engendrent la méchanceté. C'est dans ce domaine que la loi de Dieu prévaut, proclamant que la vraie bonté doit venir de l'intérieur. Par conséquent, face aux menaces d'un tyran, nous devons reconnaître que ce n'est pas seulement notre corps physique ou nos biens qui sont visés, mais l'essence même de notre être. Ne craignons pas le maître des choses qui échappent à notre contrôle, car un tel maître n'existe pas vraiment. Notre véritable crainte devrait résider dans le fait de permettre à des forces extérieures d'influencer notre volonté. Devrions-nous donc, en tant que philosophes, enseigner à mépriser les rois ? Certainement pas, car il ne s'agit jamais de revendiquer le pouvoir sur ce qu'ils possèdent. Au contraire, nous devons comprendre que le véritable pouvoir réside dans la maîtrise de nos propres opinions et dans la fermeté à l'égard de quiconque cherche à les dominer. Contrairement aux possessions matérielles, les opinions ne peuvent être conquises par la force. Seule la volonté possède le pouvoir de vaincre, et c'est ainsi que la loi de Dieu prévaut : que le plus fort reste toujours supérieur au plus faible. Bien que les épreuves subies par Socrate puissent paraître injustes, nous devons reconnaître que c'est la force de ses principes, et non son être physique, qui a triomphé face à l'adversité. Alors que nous nous enfonçons dans les profondeurs de ces vérités philosophiques, embrassons la sagesse des sages du passé, à la recherche d'un guide au milieu des complexités de l'existence.

## Le pouvoir de la perspective

L'essence du Bien est une Volonté particulière, tandis que l'essence du Mal est un type spécifique de Volonté. Alors, que sont exactement les éléments extérieurs ? Ce sont les matériaux avec lesquels la Volonté interagit et par lesquels elle obtient son propre bien ou son propre mal. Comment obtient-elle le bien ? En n'accordant pas une valeur excessive à ces matériaux. Vous voyez, les opinions sur les matériaux peuvent influencer la Volonté. Si ces opinions sont correctes, elles rendent la Volonté bonne. Cependant, si les opinions sont tordues et déformées, elles rendent la Volonté mauvaise. Dieu a établi cette loi et déclare : "Si tu veux quelque chose de bon, acquiers-le en toi-même". Vous pouvez dire : "Non, je l'obtiens d'un autre". Mais ce n'est pas la solution. Vous devez l'acquérir de vous-même. C'est pourquoi, lorsqu'un tyran me menace et m'appelle par mon nom, je réponds : "De qui me menacez-vous ?" S'il dit : "Je vais t'enchaîner", je réplique : "Tu menaces mes mains et mes pieds". S'il dit : "Je vais te décapiter", je réponds : "Tu menaces ma tête". S'il menace de m'emprisonner, je dis : "Vous menacez tout mon corps, qui est déjà pauvre et fragile". Il en va de même pour les menaces de bannissement. "Alors, il ne te menace pas du tout ?" Si je réalise qu'aucune de ces choses ne me concerne, alors il ne me menace pas du tout. En revanche, si je crains l'une ou l'autre de ces choses, alors il me menace effectivement. De qui ai-je peur alors ? Le maître de quoi ? Le maître des choses qui sont sous mon contrôle ? Ce maître n'existe pas. Dois-je craindre le maître des choses qui échappent à mon contrôle ? Et quel intérêt ces choses ont-elles pour moi ?

"Les philosophes nous enseignent-ils donc à mépriser les rois ?" J'espère que non. Qui parmi nous enseigne à revendiquer un pouvoir

## CHAPITRE 29 — De la constance

sur des choses que les rois possèdent déjà ? Prenez mon pauvre corps, prenez mes biens, prenez ma réputation, prenez ceux qui m'entourent. Si je conseillais à quelqu'un de revendiquer ces choses, il aurait une accusation valable contre moi. "Oui, mais j'ai aussi l'intention de contrôler vos opinions." Et qui vous a donné ce pouvoir ? Comment pouvez-vous conquérir l'opinion d'une autre personne ? "En y appliquant la terreur, répond-il, je la vaincrai. Ne savez-vous pas que les opinions changent d'elles-mêmes et ne sont pas conquises par quelqu'un d'autre ? Mais rien d'autre ne peut vaincre la volonté d'une personne, si ce n'est la volonté elle-même. C'est pourquoi la loi de Dieu est la plus puissante et la plus juste : "Que le plus fort soit toujours supérieur au plus faible." "Dix sont plus forts qu'un." Mais dans quel but ? Pour emprisonner, pour tuer, pour forcer quelqu'un à aller où bon lui semble, pour lui prendre ses biens. Les dix conquièrent donc l'un sous cet aspect où ils sont plus forts. "Mais en quoi les dix sont-ils plus faibles ? Si l'un possède des opinions correctes et que les autres n'en ont pas. "Alors, les dix peuvent-ils vaincre dans ce domaine ?" Comment est-ce possible ? Si nous étions placés sur une balance, le côté le plus lourd ne ferait-il pas pencher la balance ?

Il est donc étrange que Socrate ait été traité de la sorte par les Athéniens. Esclave, pourquoi dis-tu Socrate ? Dis les choses telles qu'elles sont : il est étrange que des hommes forts aient emporté et traîné en prison le pauvre corps de Socrate, et que quelqu'un lui ait administré la ciguë, ce qui a éteint sa vie. Ces choses vous paraissent-elles étranges ? Sont-elles injustes ? Est-ce que vous blâmez Dieu à cause de ces choses ? Socrate n'avait-il pas d'équivalent pour ces actions ? Où était donc la nature du bien pour lui ? Quelle perspective devons-nous suivre, la vôtre ou la sienne ? Et que dit Socrate ? "Anytus et Meletus peuvent me tuer, mais ils ne peuvent pas me faire de mal". Et il ajoute : "Si Dieu le veut, qu'il en soit ainsi." Mais démontrez-moi que celui qui a des principes inférieurs l'emporte sur celui qui a des principes supérieurs. Vous ne pourrez jamais le démontrer, ni même vous en approcher, car c'est la loi de la nature et de Dieu que le supérieur l'emporte toujours sur l'inférieur. Sous quel aspect ? Dans l'aspect où il est supérieur. Un

# CHAPITRE 29 — De la constance

corps est plus fort qu'un autre, plusieurs sont plus forts qu'un seul, le voleur est plus fort que le non-voleur. C'est pourquoi j'ai aussi perdu ma lampe parce que, dans mon état de veille, le voleur était plus fort que moi. Mais l'homme a payé le prix de la lampe : en échange d'une lampe, il est devenu un voleur, une personne indigne de confiance, semblable à un animal sauvage.

Cela lui a semblé être une bonne affaire. Très bien, qu'il en soit ainsi. Mais un homme s'est emparé de mon manteau et me tire vers la place publique. D'autres crient alors : "Philosophe, à quoi servent tes croyances ? Regarde, on te traîne en prison, tu vas être décapité." Et quelle philosophie aurais-je pu adopter pour que, si un homme plus fort saisissait mon manteau, je ne sois pas traîné ? Que si dix hommes me saisissaient pour me jeter en prison, je n'y serais pas jeté ? N'ai-je donc rien appris d'autre ? J'ai appris à comprendre que tout ce qui arrive, s'il est indépendant de ma volonté, ne signifie rien pour moi. Je pourrais vous demander si vous n'en avez pas profité ? Alors pourquoi cherchez-vous à tirer profit d'autre chose que de ce que vous avez déjà appris comme étant avantageux ?

Assis en prison, je dis : "L'homme qui crie ainsi n'écoute pas le sens des mots, ne comprend pas ce qui est dit et n'a aucun intérêt à savoir ce que les philosophes disent ou font. Laissez-le tranquille.

Mais il dit maintenant au prisonnier : "Sors de ta prison". Si tu n'as plus besoin de moi dans la prison, je sortirai. Si tu as encore besoin de moi, j'entrerai dans la prison. "Jusqu'à quand agirez-vous ainsi ? Tant que la raison exige que je sois avec le corps. Mais quand la raison ne l'exigera plus, enlevez le corps et adieu. Seulement, il ne faut pas le faire inconsidérément, faiblement, ou pour n'importe quelle raison. D'autre part, Dieu ne veut pas qu'on le fasse, et il a besoin d'un tel monde et de ses habitants. Mais s'il donne le signal de la retraite, comme il l'a fait à Socrate, nous devons obéir à celui qui donne le signal comme s'il était un général.

Alors, devrions-nous dire de telles choses à la majorité ? Pourquoi ? Ne suffit-il pas qu'une personne soit elle-même convaincue ? Lorsque des enfants viennent frapper des mains et crier : "Aujourd'hui, c'est la grande fête des Saturnales", est-ce que nous disons : "Les Saturnales, ce n'est pas grand-chose" ? Absolument

## CHAPITRE 29 — De la constance

pas, mais nous tapons aussi dans nos mains. Ainsi, lorsque vous ne parvenez pas à faire changer d'avis quelqu'un, considérez-le comme un enfant, tapez des mains avec lui, ou restez simplement silencieux si vous préférez. Rappelez-vous ceci : lorsque vous êtes confronté à une situation difficile, il est temps de démontrer ce que vous avez appris. De même qu'un étudiant qui s'est exercé à résoudre des syllogismes complexes demande des syllogismes difficiles, une personne dans une situation difficile cherche à exercer ses connaissances. Même les athlètes préfèrent défier leurs adversaires et disent : "Il ne peut pas me soulever". "Cette personne a un tempérament noble". Mais quand vient le moment de l'examen, l'un d'entre vous peut pleurer et dire : "J'aurais aimé en apprendre davantage." Apprendre plus de quoi ? Si vous n'avez pas appris ces choses pour les mettre en pratique, pourquoi les avez-vous apprises ? Je crois que quelqu'un parmi vous est assis ici, souffrant comme une femme en train d'accoucher, et dit : "Oh, j'aimerais avoir une difficulté comme celle de cet homme ; oh, je gaspille ma vie dans l'obscurité alors que je pourrais être célébré à l'Olympie". Quand quelqu'un m'annoncera-t-il un tel concours ?" Tel devrait être l'état d'esprit de chacun d'entre vous. Même parmi les gladiateurs de César, certains se plaignent amèrement de ne pas avoir l'occasion de se battre. Ils prient Dieu et supplient leurs supérieurs de leur accorder une place. Personne parmi vous ne fera preuve d'un tel état d'esprit ? Je me lancerais volontiers dans un voyage pour voir ce que fait mon athlète et comment il étudie son sujet. Ils disent : "Je n'aime pas cette matière". Eh bien, est-ce le cas ?

Avez-vous le pouvoir de choisir n'importe quel sujet ? On vous a donné un corps, des parents, des frères et sœurs, un pays et une place dans ce pays. Et pourtant, vous venez me demander : "Changez de sujet". N'avez-vous pas les capacités de traiter le sujet qui vous a été donné ? "C'est votre devoir de proposer, c'est le mien de bien m'exercer. Mais vous ne dites pas cela. Vous dites plutôt : "Ne me proposez pas tel sujet, proposez-moi tel autre. Ne m'opposez pas telle objection, mais telle autre."

Peut-être viendra-t-il un jour où les acteurs tragiques penseront qu'ils ne sont rien d'autre que des masques, des peaux de bêtes et un

# CHAPITRE 29 — De la constance

long manteau. Je dis que ces choses, mon ami, sont votre matière et votre sujet. Dis quelque chose, afin que nous sachions si tu es un acteur tragique ou un bouffon, car vous avez tous les deux tout le reste en commun.

Si quelqu'un enlève à un acteur tragique sa peau et son masque et le présente sur scène comme un fantôme, l'acteur tragique est-il perdu ? Non, tant qu'il a une voix, il reste. Voici un autre exemple : "Assumez le rôle de gouverneur d'une province." Je l'assume, et une fois que je l'ai assumé, je montre comment se comporte une personne bien informée. "Enlevez vos beaux habits et habillez-vous en haillons, puis présentez-vous dans ce personnage." N'ai-je pas la capacité de bien parler ? Alors pourquoi me présenter ainsi ? Comme un témoin convoqué par Dieu. "Avancez et témoignez pour moi, car vous êtes dignes d'être appelés à témoigner. Tout ce qui est extérieur à la volonté de l'individu est-il bon ou mauvais ? Est-ce que je fais du mal à quelqu'un ? Ai-je fait dépendre le bien-être de chacun de quelqu'un d'autre que de lui-même ?" Quel genre de témoignage offrez-vous à Dieu ? "Je suis misérable, maître et malheureux. Personne ne se soucie de moi, personne ne me donne rien. Tout le monde me blâme, tout le monde dit du mal de moi." Est-ce là le témoignage que vous allez présenter, et déshonorer la convocation de celui qui vous a fait tant d'honneur, et vous a jugé digne de rendre un tel témoignage ?

Mais supposons que celui qui détient le pouvoir ait déclaré : "Je vous juge impies et profanes". Que vous est-il arrivé ? "J'ai été jugé impie et profane ?" Rien d'autre ? "Rien d'autre. Mais si la même personne avait porté un jugement sur un syllogisme hypothétique et avait déclaré : "La conclusion que, s'il fait jour, il fait clair, je la déclare fausse", qu'est-il advenu du syllogisme hypothétique ? Qui est jugé dans cette affaire ? Qui est condamné ? Le syllogisme hypothétique ou l'homme qu'il a trompé ? Celui qui a le pouvoir de faire une déclaration sur vous sait-il ce qui est pieux ou impie ? L'a-t-il étudié et appris ? Où cela ? De qui ? C'est donc un fait qu'un musicien ne tient aucun compte de celui qui déclare que l'accord le plus grave de la lyre est le plus aigu, ni un géomètre de celui qui déclare que les lignes allant du centre d'un cercle à la circonférence ne sont pas égales ; et celui qui est vraiment instruit tiendra-t-il compte de l'homme sans instruction lorsqu'il prononcera un jugement sur ce qui est pieux et sur ce qui est impie, sur ce qui est juste et sur ce qui est injuste ? Oh ! le mal que font les instruits ! L'ont-ils appris ici ? Ne laisserez-vous pas à d'autres, à des paresseux, les petites discussions sur ces questions, afin qu'ils puissent s'asseoir dans un coin et recevoir leur maigre salaire, ou se plaindre que personne ne leur donne rien, et ne vous présenterez-vous pas pour faire usage de ce que vous avez appris ? Car ce ne sont pas ces petits arguments qui sont nécessaires aujourd'hui ; les écrits des stoïciens en sont remplis. Quelle est donc la chose dont on a besoin ? Un homme qui les applique, un homme qui, par ses actes, témoigne de ses paroles. Supposons que je vous exhorte à incarner ce caractère afin que nous n'utilisions plus les exemples des anciens dans les écoles, mais que nous ayons nos propres exemples.

À qui donc appartient la contemplation de ces questions ? À celui qui en a le loisir, car l'homme est un animal qui aime la contemplation. Cependant, il est honteux de contempler ces choses à la manière d'esclaves en fuite. Nous devrions plutôt nous asseoir, comme dans un théâtre, sans distraction, et écouter tantôt l'acteur tragique, tantôt le joueur de luth. Nous ne devons pas nous comporter comme les esclaves. Lorsqu'un esclave prend sa place, il loue l'acteur et, en même temps, regarde autour de lui. Si quelqu'un prononce le nom de son maître, l'esclave est immédiatement effrayé et troublé. Il est honteux pour les philosophes de contempler ainsi les œuvres de la nature. Car qu'est-ce qu'un maître ? L'homme n'est pas le maître de l'homme. La mort, la vie, le plaisir et la douleur sont les vrais maîtres. Quand ils arrivent, comme le tonnerre et la foudre, et que j'en ai peur, que puis-je faire si ce n'est reconnaître mon maître comme un esclave en fuite ? Mais tant que j'ai un répit de ces terreurs, je me tiens sur le théâtre comme l'esclave en fuite. Je me baigne, je bois, je chante, mais tout cela se fait dans la terreur et le malaise. Mais si je me libère des maîtres, c'est-à-dire de ce qui les rend redoutables, quels autres ennuis ou maîtres me restent-ils ? "Faut-il donc publier ces choses à tous les hommes ? Non, mais il faut s'adapter et parler aux ignorants, en disant : "Cet homme me recommande ce qu'il pense être bon pour lui. Je lui pardonne." De même que Socrate a pardonné au geôlier qui pleurait lorsque Socrate était sur le point de boire le poison, en disant : "Comme il pleure généreusement pour nous." Socrate a-t-il donc dit au geôlier : "C'est pour cela que nous avons renvoyé les femmes" ? Non, il l'a dit à ses amis qui peuvent l'entendre, et il a traité le geôlier comme un enfant.

### De la leçon...

Adoptez le pouvoir de l'autonomie, reconnaissez que les circonstances extérieures n'ont aucun contrôle réel sur votre paix intérieure et votre bien-être, et efforcez-vous de vivre en accord avec vos propres principes raisonnés et vertueux.

### À l'action !

(1) Reconnaissez que l'être du Bien est une certaine Volonté, tandis que l'être du Mal est une certaine forme de Volonté.
(2) Comprenez que les éléments extérieurs sont des matériaux pour la Volonté, à propos desquels la Volonté, étant au courant, obtiendra son propre bien ou son propre mal.
(3) Réalisez que les opinions sur les matériaux déterminent si le testament est bon ou mauvais.
(4) Reconnaissez que Dieu a fixé la loi selon laquelle si vous voulez quelque chose de bon, vous devez le recevoir de vous-même.
(5) Ne craignez pas les menaces extérieures ou les intimidations, car elles ne vous menacent vraiment que si vous leur permettez d'affecter votre volonté.
(6) Ne cherchez pas à vous arroger le pouvoir sur des choses possédées par d'autres, telles que la propriété, la réputation ou d'autres personnes.
(7) Reconnaître que personne ne peut vaincre la volonté d'une autre personne ; seule la volonté elle-même peut vaincre ou être vaincue.
(8) Accepter que la loi de la nature et de Dieu dicte que le plus fort l'emporte toujours sur le plus faible dans leurs domaines respectifs.
(9) Comprenez que les difficultés sont l'occasion de mettre en pratique ce que vous avez appris et de montrer votre force de caractère.

(10) Ne vous préoccupez pas des jugements extérieurs ou des opinions des autres ; concentrez-vous sur votre propre croissance et votre propre développement.

(11) Embrassez et acceptez les circonstances et les conditions de vie qui vous ont été données, car elles fournissent le matériel nécessaire à votre croissance et à votre progrès personnels.

(12) Rappelez-vous que tout ce qui échappe à votre volonté est insignifiant et ne vous affecte pas vraiment.

(13) Lorsque vous êtes confronté à des défis ou à des difficultés, n'oubliez pas qu'il s'agit d'une occasion de démontrer votre compréhension et votre pratique de la philosophie.

(14) Ne vous préoccupez pas de persuader les autres de changer d'avis ; concentrez-vous sur votre propre croissance et votre propre amélioration.

(15) Reconnaître que les jugements et les opinions externes concernant ce qui est pieux ou impie n'ont pas de poids s'ils proviennent de personnes non informées ou non éduquées.

(16) Ne vous laissez pas influencer par les jugements des autres, mais restez fidèles à vos principes et appliquez-les à vos actions.

(17) Ne vous contentez pas de contempler des idées philosophiques, mais appliquez-les dans votre vie et vos actions quotidiennes.

(18) Restez concentré et non distrait dans votre contemplation des questions philosophiques, en évitant les comportements d'un esclave en fuite.

(19) Reconnaissez que les facteurs externes tels que la mort, la vie, le plaisir et la douleur n'ont aucun pouvoir sur vous, à moins que vous ne leur permettiez d'influencer votre volonté.

(20) Faire preuve de résilience face à la peur et aux terreurs, en reconnaissant sa propre force intérieure et son autonomie.

(21) Faire preuve de compréhension et de compassion à l'égard de ceux qui ne comprennent pas les principes philosophiques et considérer leurs recommandations avec patience et acceptation.

(22) Partager des idées philosophiques avec ceux qui sont réceptifs et capables de comprendre, plutôt que d'essayer de convaincre tout le monde.

# CHAPITRE 30

## — Ce qu'il faut avoir sous la main dans les circonstances difficiles

Dans vos interactions avec des personnes influentes, il est essentiel de vous rappeler qu'il y a toujours une autorité supérieure qui observe vos actions. Au lieu de rechercher l'approbation de ceux qui détiennent le pouvoir, donnez la priorité à la satisfaction de cet observateur divin. Lorsque vous êtes confronté aux questions de cette entité supérieure, réfléchissez à vos croyances passées sur des sujets tels que l'exil, les relations, la mort et la honte. Reconnaissez que votre point de vue sur ces questions reste inchangé. Comprenez que les facteurs externes sur lesquels vous n'avez aucun contrôle n'ont aucune importance ni aucun pouvoir sur vous. Considérez le concept du Bien, qui se caractérise par une volonté forte et une gestion efficace des apparences. En fin de compte, le but ultime est de suivre l'observateur divin, auquel vous affirmez votre dévouement. Fort de cette compréhension, interagissez en toute confiance avec des personnes estimées et constatez le contraste frappant entre votre perspective éclairée et les esprits non éclairés qui vous entourent. Il est probable que vous vous interrogiez sur le but des préparatifs élaborés pour de simples apparences. Est-ce vraiment ce que le pouvoir implique ? Ces salles somptueuses et ces gardes sont-ils vraiment importants ? Réfléchissez aux innombrables discussions auxquelles vous avez participé, en réalisant que la véritable grandeur réside dans la profonde préparation intérieure que vous avez entreprise.

### Réflexions sur la grandeur et la préparation

Lorsque vous rencontrez quelqu'un de très important, souvenez-vous qu'il y a quelqu'un en haut qui voit aussi ce qui se passe, et que vous devez chercher à plaire à Dieu plutôt qu'à quelqu'un d'autre. C'est pourquoi cette personne vous demande : "Que disiez-vous de l'exil, de l'emprisonnement, de la mort, du suicide ? "Que disais-tu de l'exil, de l'emprisonnement, de la mort et de la honte quand tu étais à l'école ?" Je disais que c'était de l'indifférence. "Alors, maintenant, qu'en dites-vous ? Ont-ils changé en quoi que ce soit ?" Non. "Et vous, avez-vous changé ?" Non. "Dites-moi alors, quelles sont les choses considérées comme indifférentes ?" Les choses qui sont hors de notre contrôle. "Dites-moi, quelle est la conséquence de cette compréhension ?" Les choses qui échappent à notre contrôle n'ont aucune importance pour moi. "Parlez-moi aussi du concept du Bien, quelle était votre croyance ?" Une volonté qui s'aligne sur ce que nous devrions avoir, et aussi une perception sage des choses. "Et quel est le but ultime ? Te suivre. "Tu dis toujours la même chose aujourd'hui ? Je dis toujours la même chose.

Ensuite, allez hardiment en présence de personnes importantes et souvenez-vous de ces choses. Vous verrez à quoi ressemble un jeune qui a étudié ces choses lorsqu'il est entouré d'hommes qui ne les ont pas étudiées. Je peux imaginer que vous aurez des pensées comme celles-ci : "Pourquoi devons-nous nous préparer si longuement pour rien ? Est-ce cela que les gens appellent le pouvoir ? Est-ce la salle d'attente ? S'agit-il des conseillers de confiance ? S'agit-il des gardes armés ? Est-ce pour cela que j'ai écouté tant de discours ? Tout cela est insignifiant, mais je me suis préparé à quelque chose de grand".

### De la leçon...

Gardez toujours à l'esprit que les opinions et les situations des autres n'ont aucune importance par rapport à vos propres convictions sur ce qui compte vraiment dans la vie.

## CHAPITRE 30 — Ce qu'il faut avoir sous la main dans les circonstances difficiles

*À l'action !*

(1) Rappelez-vous qu'une puissance supérieure veille toujours sur vous, alors donnez la priorité à cette puissance plutôt qu'aux autres.

(2) Réfléchissez à vos croyances et opinions antérieures sur des sujets importants tels que l'exil, les obligations, la mort, le déshonneur, et déterminez si elles ont changé ou sont restées les mêmes.

(3) Reconnaissez que les choses qui sont indépendantes de votre volonté sont sans importance pour vous.

(4) Comprendre que l'objectif ultime est d'avoir un testament aligné sur ce qui est juste et d'utiliser les apparences de manière appropriée.

(5) S'efforcer de suivre la puissance supérieure dans toutes les actions et décisions.

(6) Entrez dans une réunion influente ou importante avec confiance et gardez ces principes à l'esprit.

(7) Observez comment ceux qui n'ont pas étudié ces principes peuvent penser différemment de vous et rester fidèles à vos convictions.

(8) S'interroger sur l'importance de concepts sociétaux tels que le pouvoir, les antichambres, les hommes de chambre et les gardes armés, et se rendre compte qu'ils n'ont que peu d'importance.

(9) Réfléchir au temps investi dans l'apprentissage et l'étude afin de se préparer à quelque chose de plus grand.

# INDEX

acceptation, 6, 65, 149
accepter, 21, 36, 38, 47, 60, 63, 65, 66, 83, 100, 101, 109, 110, 123, 130
accomplir, 49, 95
Achille, 56, 105, 106, 118, 136, 138
acquérir, 18, 35, 74, 100, 101, 136
actes, 11, 29, 49, 58, 126, 135, 147
acteur, 146
acteurs, 116, 145
actif, 51, 100
action, 57, 71, 83, 137
actions, 7, 11, 15, 17, 43, 47, 48, 51, 53, 54, 56, 57, 63, 64, 65, 66, 69, 84, 85, 87, 90, 96, 97, 101, 103, 104, 105, 106, 108, 111, 116, 117, 121, 123, 127, 133, 134, 135, 136, 137, 138, 143, 149, 151, 153
activité, 41, 80
activités, 39, 40, 49, 51, 110, 121
activités banales, 51
adapter, 8, 11, 106
admettre, 18, 33, 34, 35
admiration, 97, 103
admirer, 46, 109, 110
admis, 54, 105
adultère, 88
adversité, 113
affaires, 10, 19, 46, 59, 69, 70, 71, 110
affaires humaines, 46, 69, 70, 71
affecté, 6, 88

affection, 55
affectueux, 55, 56, 57
Agamemnon, 105, 106, 118, 136
Agir, 31
Agrippinus, 4, 8
aide, 46, 74, 128
aller, 45, 55, 126, 143
ambitions, 51
amélioration, 17, 24, 149
âmes, 69, 70, 71
animal, 14, 29, 50, 144, 147
animaux, 15, 28, 31, 44, 77, 78, 79, 83, 84, 95, 110, 138
antichambres, 153
Antisthène, 82
apparence, 101, 134, 135, 136
appartient aux autres, 116, 121
appliquer, 130
apprécier, 28, 32, 122
apprendre, 11, 20, 35, 51, 60, 63, 82, 101, 106, 124, 145
appris, 7, 17, 19, 34, 60, 82, 124, 144, 145, 146, 148
approprié, 29, 78, 108, 134, 137
arguments hypothétiques, 36, 38, 118, 123, 124, 125
arguments sophistiques, 33, 34, 37
arrive, 30, 31, 32, 50, 96, 144
arrogance, 14, 40, 83
arrogant, 15, 41
art, 60, 73, 99, 100
arts, 99, 100, 101
assentiment, 133, 137

# INDEX

assiégé, 136
assistance, 55
Athènes, 119
Athénien, 44
athlète, 9, 19, 89, 90, 91, 114, 115, 145
attachement, 4, 93, 109
attentes de la société, 7, 48, 96, 109
attention, 1, 18, 23, 51, 65, 100, 101, 117, 125
attiré, 8
attributs physiques, 41
aucun, 10, 28, 41, 45, 55, 56, 63, 88, 95, 144, 146, 148, 149, 151
autonomie, 149
autorité, 44, 61, 66, 117, 151
autres, 1, 2, 5, 6, 9, 11, 24, 25, 28, 31, 38, 40, 41, 43, 48, 50, 54, 61, 63, 64, 66, 67, 72, 73, 74, 80, 81, 82, 84, 85, 87, 90, 91, 94, 97, 103, 104, 108, 110, 115, 116, 117, 121, 126, 129, 130, 143, 147, 149, 152, 153
avaler, 125
avenir, 51, 114
aversion, 18, 85
aveugle, 88
bâiller, 100
bain, 4, 107, 129
bain froid, 4
banni, 4
bannir, 9, 13
bannissement, 4, 142
bâtons, 135
beau, 9, 40, 78
beaucoup, 3, 6, 10, 14, 28, 33, 34, 79, 96, 100, 115, 120
beauté, 80, 88
bénéfique, 87, 113, 134, 135
bénir la divinité, 79
bien, 2, 4, 5, 9, 10, 11, 13, 14, 20, 21, 33, 34, 35, 40, 42, 45, 46, 50, 53, 54, 56, 62, 63, 64, 69, 73, 75, 78, 82, 88, 89, 90, 94, 96, 97, 100, 101, 105, 106, 107, 108, 109, 110, 113, 115, 116, 117, 119, 120, 121, 123, 124, 129, 134, 135, 136, 138, 141, 142, 143, 144, 145, 146, 148
Bien, 9, 78, 105, 107, 117, 127, 141, 142, 148, 151, 152
bien commun, 97
bien de l'homme, 42, 101
bien-être, 11, 75, 96, 97, 116, 120, 121, 138, 146, 148
bien-être personnel, 75
blâme, 146
bœufs, 135
boire, 28, 45, 148
bois, 73, 82, 147
bon usage, 15
bonheur, 15, 17, 20, 21, 53, 91, 96, 115, 116, 121, 136, 138
bonnes choses, 17, 21
boue, 135
bouteille, 114
brève rencontre, 73
brin d'herbe, 77
briques, 135
bruit, 89, 114
brûlé, 37
calomniateur, 13, 14
calomnie, 15
capacité, 1, 27, 31, 35, 37, 38, 44, 61, 65, 71, 79, 80, 84, 85, 93, 96, 99, 125, 126, 129, 135, 146
capacités, 2, 10, 11, 38, 39, 41, 43, 63, 96, 123, 125, 126, 145
Capitole, 37, 96
capture d'enfants, 138
caractère, 10, 11, 34, 53, 74, 97, 113, 119, 130, 147
caractéristiques, 64
carcasse, 48
certains philosophes, 127
César, 9, 13, 14, 15, 44, 50, 69, 71, 72, 95, 145
cesser d'être en colère, 73
chagrin, 9, 128
chair, 13, 14, 15, 106
chaleur, 90, 91
chambre, 8, 95
chambre à coucher, 95

# INDEX

changer, 19, 23, 24, 61, 90, 128, 130, 145, 149
changer d'avis, 23, 145, 149
chanter, 2, 5, 79, 80
chanter des hymnes, 79, 80
chercher, 18, 19, 56, 61, 74, 121, 128, 129, 152
chœur, 115
choisir, 62, 121, 134, 137, 145
choix, 2, 4, 11, 13, 73, 84, 85, 88, 90, 91, 109, 116, 117, 121
choses, 1, 2, 3, 4, 5, 6, 8, 9, 17, 18, 19, 20, 21, 27, 28, 29, 30, 31, 32, 35, 38, 39, 40, 45, 46, 50, 54, 57, 59, 60, 61, 62, 63, 66, 69, 70, 71, 72, 74, 77, 78, 79, 80, 81, 82, 83, 84, 88, 89, 90, 91, 94, 95, 96, 97, 99, 100, 106, 107, 108, 114, 115, 116, 117, 118, 120, 123, 124, 125, 127, 128, 134, 135, 141, 142, 143, 144, 146, 147, 148, 152, 153
choses visibles, 28, 31
Chrysippe, 18, 20, 21, 50, 81, 82, 84
cigognes, 135, 136, 138
circonstances, 3, 6, 9, 11, 17, 30, 43, 47, 48, 58, 61, 63, 64, 65, 75, 90, 91, 96, 105, 113, 115, 120, 121, 127, 128, 130, 148, 149
circonstances extérieures, 6, 11, 43, 48, 58, 64, 90, 91, 96, 120, 121, 127, 128, 148
Cithéron, 115
citoyen du monde, 43, 44, 47
clarté, 33
Cléanthe, 82
colère, 65, 74, 88, 90, 124, 126
collaboration, 52
commande, 94
communauté, 44, 47, 138
communauté sociale, 138
communication, 21, 71
compagnons, 2, 5, 61, 88
compassion, 65, 67, 134, 149
compétence, 39, 40

compétences, 33, 37, 40, 41, 42, 70
comportement, 15, 48, 53, 54, 87, 108, 110, 120
comportement humain, 53, 87
comportements d'un esclave en fuite, 149
compréhension plus profonde, 34, 38
comprendre, 2, 17, 20, 23, 25, 28, 29, 31, 32, 33, 34, 35, 37, 38, 51, 55, 57, 69, 70, 71, 73, 79, 80, 81, 82, 84, 90, 101, 106, 108, 122, 125, 126, 135, 136, 141, 144, 149
Comprendre, 4, 5, 11, 21, 31, 37, 38, 41, 47, 48, 57, 58, 63, 74, 80, 82, 84, 85, 97, 101, 108, 120, 125, 130, 137, 138, 153
comprendre des questions complexes, 126
comprendre la volonté, 81, 84
comprendre la volonté de la nature, 81, 84
comprendre l'usage des apparences, 28
compromis, 7
comptes, 50
concentré, 51, 149
conception, 27, 28, 31, 77, 79
conçu, 95
confiance, 32, 43, 55, 75, 94, 121, 125, 130, 144, 151, 152, 153
confiance en soi, 121
conflit, 73, 105
conflits historiques entre différentes cultures, 105
conforme, 7, 19, 21, 45, 48, 55, 57, 63, 74, 84, 104
conforme à la nature, 7, 19, 21, 45, 55, 63, 74, 104
conformément à la nature, 96, 103, 123
conquérir, 143
conscience de soi, 126
conseil, 75, 110
conséquences, 11, 23, 33, 36, 38, 51, 60, 108, 110, 137, 139

# INDEX

conséquences négatives, 108
conséquences valables, 33
conserver, 46, 70, 103, 121
considérer, 3, 94, 115, 133, 149
constance, 138
constitution des choses, 63
contact avec Dieu, 70
contemplation, 1, 29, 31, 147, 149
contemple, 2, 99, 100
contempler, 1, 5, 27, 49, 53, 59, 99, 100, 147, 149
contradiction, 24, 25, 105, 108, 123
contraire, 14, 19, 29, 55, 56, 61, 75, 100, 109, 127, 128, 133, 141
contre, 24, 61, 73, 74, 87, 88, 90, 94, 126, 127, 128, 129, 130, 134, 143
contrôle, 2, 3, 4, 17, 18, 32, 58, 63, 69, 71, 88, 89, 91, 93, 97, 106, 108, 114, 117, 120, 121, 141, 142, 148, 151, 152
convaincre, 23, 40, 125, 149
convenable, 45, 88, 106, 137
conversations, 121
coquille, 101
Corinthien, 44
corps, 2, 3, 4, 5, 6, 10, 14, 15, 44, 45, 47, 48, 54, 57, 61, 62, 69, 70, 71, 77, 89, 94, 101, 106, 108, 114, 119, 129, 135, 141, 142, 143, 144, 145
corps célestes, 69
correct, 108
couleurs, 28, 54, 62
courage, 31, 47, 114, 115, 116
couteau, 28
créations de la nature, 77
crédibilité, 126
Crésus, 10
crimes, 37
critère, 54, 57, 82
critères, 53, 57
croire les choses, 133
croissance, 20, 32, 41, 67, 69, 70, 74, 79, 115, 131, 149
croyance, 14, 15, 134, 137, 152

croyances, 15, 58, 59, 63, 81, 87, 90, 94, 101, 105, 108, 122, 129, 130, 141, 144, 151, 153
croyances conventionnelles, 122
cuivre, 73
culture, 20, 48, 52, 73, 90, 97
culture de la vertu, 73
Daemon, 70, 72
dangers, 23, 39, 41
de Dieu, 14, 15, 29, 31, 32, 43, 44, 45, 47, 69, 71, 78, 79, 83, 84, 85, 118, 141, 143, 148
de l'eau, 66
décapitation, 3
décapité, 144
déception, 21
décisions, 7, 57, 103, 121, 153
découverte, 21, 101
dédié, 94
défi, 23, 54
Démétrius, 119
démon défavorable, 118
dépression, 56
déprimé, 32, 119
déraisonnable, 55
désir, 4, 5, 17, 18, 19, 21, 28, 31, 49, 83, 84, 85, 93, 130
désir de conjonction, 31
destruction, 135, 136, 138
détaché, 110
détresse, 111, 128
développement, 32, 37, 41, 48, 51, 74, 75, 97, 131, 149
développement personnel, 41, 51, 74, 75, 131
dévouement, 51, 151
diadème, 115
dialogue, 53
Dieu, 3, 6, 14, 15, 20, 21, 28, 30, 32, 43, 44, 45, 46, 47, 48, 50, 69, 71, 72, 78, 79, 80, 83, 101, 113, 141, 142, 143, 144, 145, 146, 148, 152
dieux, 1, 2, 3, 5, 13, 14, 15, 20, 30, 32, 46, 59, 60, 62, 63, 65, 66, 78, 83, 89, 95, 96, 100, 108, 129, 130

dieux inactifs, 63
différence, 17, 25, 33, 37, 38, 41, 100, 107, 135, 138
difficulté, 24, 30, 113, 126, 145
difficultés, 32, 47, 65, 91, 110, 113, 115, 126, 148, 149
difficultés de la vie, 113
digne de confiance, 118
dîner, 4
Diogène, 113, 114, 116
discernement, 11, 34, 63
discipline, 7, 11, 130
discussion, 7, 25, 56, 101, 133
discussions, 36, 39, 147, 151
disposition, 27, 41, 42, 88
disposition de la volonté, 41
dispositions, 77, 79
distinction, 6, 127, 130
distinction entre moi et les autres, 127
distinguer, 29, 35, 37, 40, 54, 57, 78, 81, 82, 84, 88, 100, 101
distraire, 30, 51
divin, 13, 14, 15, 27, 31, 43, 59, 60, 69, 79, 151
divinité, 80
domaine, 27, 33, 39, 59, 60, 73, 100, 105, 120, 127, 141, 143
domaine de la philosophie, 39, 73
domaine des apparences, 127
donné, 1, 2, 4, 5, 6, 20, 28, 30, 32, 48, 71, 72, 79, 114, 117, 121, 143, 145
dormir, 28, 50, 100
douleur, 7, 56, 91, 114, 116, 147, 149
douleur physique, 7
droit, 35, 40, 60, 88, 89, 91, 114, 117, 120, 136
d'une personne, 7, 10, 89, 93, 94, 97, 113, 120, 128, 137, 141, 143
duplicité, 13
éclairer, 70
écrire, 2, 4, 5
écrit, 1, 46, 82, 96
éducation, 93
effort, 10, 15, 113

égal, 67
ego, 93, 96
Égyptiens, 54, 106
élevé, 31, 46, 96
élèves, 50, 126
embrasser, 27, 63, 65
émotion, 87, 91
en colère, 66, 74, 87, 88, 90, 134, 136, 137
encourager, 129
endurer, 29, 32
enfant malade, 55, 57
enfants, 3, 53, 55, 57, 61, 63, 106, 109, 110, 124, 134, 136, 137, 144
engager, 11, 61, 69
enseignants, 126
enseignements, 6, 17, 21, 48, 81, 100, 121, 122
entravé, 93
enveloppe, 14
envier, 46
Epaphrodite, 95, 124
éphémère, 97, 116
Épictète, 2, 9, 10, 23, 45, 50, 53, 54, 73, 74, 75, 123, 124
Épicure, 101, 109, 110
épouvantable, 24
épreuve, 90
erreur, 37, 88, 114, 133
esclave, 30, 65, 66, 89, 107, 119, 147
esclave négligent, 65
esprit, 13, 30, 45, 48, 59, 60, 63, 84
esprit généreux, 48
essayer, 35, 130
estomac, 79
état, 4, 6, 23, 24, 25, 31, 43, 48, 61, 63, 74, 75, 90, 116, 121, 144, 145
état conforme à la nature, 74, 75
état d'esprit, 4, 6, 31, 43, 48, 61, 63, 90, 116, 121, 145
étoiles, 134
être physique, 142
êtres, 14, 15, 29, 43, 44, 109
étudier, 4, 101

# INDEX

évaluer, 1, 34
événements, 32, 62, 138
éviter, 4, 15, 18, 19, 21, 33, 34, 36, 37, 93, 110, 130
examen, 36, 53, 100
examiner, 2, 23, 36, 82, 83, 84, 117, 126
exceller, 35, 41
excessif, 15
exemples, 6, 138, 147
exercice, 4
exercices, 39, 126
exercices théoriques, 126
exige, 99, 113, 144
exil, 3
existence, 1, 13, 79
existence mortelle, 13
exploration, 7, 23, 73, 81, 87
externes, 20, 73, 97, 110, 141, 149
facteurs externes, 2, 5, 8, 17, 58, 63, 74, 91, 96, 130, 141, 149, 151
faculté, 1, 2, 4, 5, 25, 27, 28, 31, 32, 41, 62, 81, 84, 99, 100, 123, 125, 126
faculté de gouverner, 100
faculté de vision, 27
faculté de voir, 28, 31, 32, 41, 62
faculté intérieure, 123
facultés, 1, 5, 29, 30, 31, 32, 42, 63, 81, 99, 134
faiblesse, 23, 24
famille, 44, 53, 55, 56, 61, 64, 108
fardeaux, 47, 48
fausses croyances, 84, 97
fausseté, 34, 35, 134
faute, 32
faux, 34, 35, 37, 133, 137
Felicion, 95
femme, 28, 31, 53, 56, 62, 88, 134, 135, 138, 145
femmes, 57, 78, 80, 136, 138, 148
fenêtre, 89
fer, 25, 89
feu, 25
fidèle, 9, 19, 49
fidélité, 15, 69, 118, 138

fierté, 41
fièvres, 125
figue, 74
figures, 35
fille, 53, 90, 136
flatter, 46, 119
Florus, 8
folie, 4, 60
fondé, 97
force, 10, 23, 24, 25, 30, 47, 48, 90, 91, 92, 117, 141, 148, 149
force de caractère, 148
force intérieure, 48, 90, 149
formation, 36, 47, 55, 57, 128
forme physique, 13
formes, 39, 41
fort, 40, 110, 144
fortune, 17, 18, 21
fou, 107
frapper, 119, 144
frère, 9, 66, 73, 74, 119
fruit, 20, 74, 82, 114
frustration, 65
gardes armés, 152, 153
gardien, 44, 70, 72
génération, 62
goûts, 54
grain, 50
grammaire, 1, 4, 5
grand, 13, 20, 27, 34, 40, 54, 61, 74, 79, 88, 90, 100, 101, 103, 116, 135, 144, 152, 153
grandeur, 11, 29, 31, 32, 47, 48, 62, 113, 152
gratitude, 31, 63, 77, 80
guerres, 107, 135, 138
guide, 71, 117, 123, 142
guirlandes, 115
Gyarus, 119
haine, 88, 90
Hélène, 138
Hercule, 30
héritage, 15
heureux, 20, 106, 108, 115
Hippocrate, 40
homme, 3, 9, 10, 14, 18, 20, 23, 24, 30, 35, 44, 45, 46, 49, 51,

160

56, 61, 62, 65, 70, 73, 74, 78,
88, 89, 94, 95, 96, 103, 105,
106, 107, 115, 119, 124, 125,
135, 144, 145, 147
hommes, 3, 13, 20, 24, 30, 44, 49,
53, 66, 71, 78, 79, 82, 87, 90,
95, 105, 108, 119, 125, 135, 136,
143, 144, 147, 153
hommes de chambre, 95, 153
honnêteté, 116
honorer, 32, 69
honte, 23, 24, 25, 151, 152
humains, 14, 15, 31, 60, 77, 109,
134, 135, 138
humble, 19, 78, 103
hymnes, 79, 80
hypothèses, 34, 35, 36, 38
idées, 7, 59, 84, 107, 109, 122, 149
idées philosophiques, 122, 149
ignorance, 124
ignorant, 13, 47, 125
impact, 51, 97, 121, 138
impie, 129, 146, 149
implications, 25, 37, 47, 63, 84, 109
impliqué, 37
importance, 10, 33, 151, 152, 153
impossibilité, 36
incarner, 11, 147
inconvénients, 91
indépendant, 144
indifférent, 59
inébranlable, 105
influencé, 57, 70, 120
ingéniosité, 27
inhumain, 88
injuste, 55, 147
insensé, 30, 47
insignifiant, 149, 152
inspirer, 51
instincts, 104, 106, 110
instructeur, 43, 45, 48
instructions, 117, 118, 121
insultes, 121
intelligence, 15
intentions, 49, 96, 104, 127
interactions avec les autres, 63
interconnexion, 27

intérêt, 61, 95, 107, 142, 144
intérêts, 11, 95, 107, 108, 129, 130
interprète, 29, 82, 83
interpréter, 82
intolérable, 7, 8, 11, 45
inventé, 78, 100
invincible, 89, 91, 92
irrationnel, 7, 8, 11, 60
jeu, 118, 141
jeune, 40, 90, 113, 125, 152
jeune homme, 40, 125
Jeux olympiques, 9
joindre, 50, 79, 80
jour, 4, 10, 49, 50, 51, 57, 118,
134, 145, 146
jugement, 1, 2, 67, 70, 87, 90, 124,
125, 126, 128, 130, 146
jugement correct, 128
jugements, 1, 4, 101, 127, 129, 138,
149
Juifs, 54, 106
juste, 3, 9, 43, 54, 55, 57, 59, 60,
66, 106, 107, 108, 119, 130, 134,
143, 147, 153
la mort, 4, 6, 8, 20, 21, 23, 25, 45,
48, 56, 62, 85, 90, 91, 114, 116,
128, 130, 135, 136, 149, 151,
152, 153
la nature trompeuse des apparences,
127
la vie de chaque homme, 73
la vie de tous les jours, 21, 37
Lacédémoniens, 7
lâche, 47, 114, 116
l'administration divine des choses,
63
lamentations, 1, 19, 21, 56, 109
lampe, 89, 101, 144
langue, 4, 82
langue écrite, 4
laticlave, 114
le bon usage des apparences, 2, 5,
62, 100
le pouvoir, 1, 4, 9, 19, 29, 30, 43,
63, 65, 79, 81, 82, 117, 121,
128, 141, 145, 146, 148, 151,
152, 153

# INDEX

lecteur, 124
les êtres humains, 65, 138
libération, 47
liberté, 60, 61, 63, 84, 85, 93, 113, 114, 120, 121
libre, 19, 21, 60, 62, 83, 84, 85, 89, 91, 94, 118
lié, 38, 69
lien précieux, 110
lien primitif, 13
limites, 25, 123, 126, 127
lions sauvages, 13
lire, 18, 19, 50
lit le plus doux, 114
livres, 19, 20, 21, 101
logique, 44, 81, 82, 84
loi de la nature, 143, 148
loi de la vie, 123
louer, 27, 78, 80
louer la Providence, 27
loup, 110
loups, 13, 14, 110
lumière, 20, 23, 28, 31, 70, 71, 105
luttes, 126
lutteur, 113, 115
magistrat, 53
mains, 30, 55, 79, 96, 142, 144
maïs, 50, 82
maisons, 135
maître, 3, 45, 46, 93, 94, 95, 107, 119, 124, 141, 142, 146, 147
mal, 37, 45, 46, 53, 54, 56, 88, 89, 90, 91, 100, 101, 105, 107, 108, 114, 117, 120, 124, 128, 134, 135, 136, 138, 141, 142, 143, 146, 147, 148
malade, 53, 55
malheur, 4, 17, 53, 57, 107, 136
malheureux, 18, 20, 29, 53, 62, 118, 146
malveillance, 13
manque, 23, 24, 32, 45, 55, 91, 99, 110, 124, 139
mariage, 53
matériaux, 124, 141, 142, 148
matériel, 149

matière, 19, 40, 41, 54, 69, 99, 123, 135, 145, 146
mauvais, 8, 24, 54, 61, 97, 119, 125, 129, 137, 138, 146, 148
mauvaises choses, 17, 21
maux, 50, 136
mécontent, 61
mécontentement, 63
Médée, 134, 137
médiocrité, 13
méditation, 6
médité, 118
méditer, 4
mélancolie, 91
mélodie, 4
Ménélas, 135, 138
mépriser, 107, 141, 142
mère, 55, 62, 110
mesure, 39, 55, 62, 82, 91, 130, 134, 137
métaphores, 25
Milo, 10
misère, 119
modestie, 14, 15, 135, 138
modius, 82
Moirae, 62
moment présent, 2, 48, 113
monde, 11, 23, 27, 30, 31, 43, 44, 47, 48, 50, 51, 57, 59, 61, 63, 67, 77, 89, 91, 94, 101, 107, 117, 144, 146, 149
monde naturel, 77
montrer, 30, 45, 90, 104, 124, 148
montrer aux autres leurs erreurs, 90
moralement correct, 107
mort, 4, 9, 24, 56, 96, 115, 119, 128, 147, 152
mots, 1, 2, 5, 50, 78, 88, 100, 113, 144
moulin, 129
mouvements, 103
moyens, 30, 74, 75, 118
mûrir, 70, 74
musicien, 100, 146
musique, 1, 2, 4, 5, 60, 124
nature, 2, 3, 6, 7, 8, 14, 15, 17, 19, 20, 23, 28, 31, 41, 44, 50, 51,

162

53, 54, 57, 61, 63, 66, 71, 74,
  77, 78, 79, 81, 82, 84, 85, 88,
  90, 93, 95, 96, 97, 99, 100, 101,
  103, 105, 106, 107, 108, 109,
  110, 115, 116, 119, 122, 125,
  128, 130, 133, 137, 141, 143,
  147
nature de la compréhension, 133
nature sociale innée, 109
nature universelle, 101
naturel, 53, 54, 61, 69, 91, 123
navigation, 3
navire, 114
nécessaire, 8, 29, 33, 35, 36, 38, 40,
  45, 54, 60, 71, 74, 77, 103, 126,
  128, 130, 149
négatif, 24, 25, 121
négligence, 40, 101
Néron, 3, 8, 119
Nicopolis, 96, 119
nids, 135, 136, 138
nombre, 61, 88, 134, 135
nombreux mots, 101
non informé, 149
non rentable, 8
nourri, 46
nourriture, 8, 20, 44, 77, 79
nous appartient, 6, 100, 121
nuire, 48
nuit, 118, 133
obéir, 119, 144
objectif, 94
objectifs, 51, 104
objections, 127, 129, 130
objets, 28, 31, 99, 104, 110
obligations, 153
observateur, 151
observateurs, 27
observer, 123
obstacle, 118
obstacles, 2, 5, 91, 118, 130
obtenir de bonnes choses, 108
occupation, 40
occupé, 117
odeurs, 54
odieux, 88
offensé, 90, 120

Olympie, 29
opinion, 59, 83, 85, 88, 125
opinions, 15, 54, 56, 57, 58, 60, 63,
  81, 82, 84, 87, 90, 93, 94, 95,
  120, 121, 127, 129, 130, 136,
  138, 141, 142, 143, 148, 149,
  152, 153
opprimer, 48
oracle, 110
ordre, 62, 66
origine, 13, 135, 138
paix, 21, 50, 51, 91, 148
paix intérieure, 91, 148
palais, 50, 115
palais impérial, 50
paradoxes, 120
parenté, 15, 44, 45, 47, 48, 65
parents, 45, 55, 61, 62, 63, 66, 106,
  111, 124, 128, 145
paresse, 49, 51
parfait, 74
Paris, 135
particulier, 28, 66, 93, 97, 101
partie, 2, 9, 48, 62, 70, 71, 74, 83,
  101, 119, 129
passage, 117
passion, 134, 137
patience, 66, 74, 149
Patrocle, 56, 136
pauvre homme, 15
pauvreté, 114, 116
pédagogue, 55
pensées, 14, 15, 45, 71, 101, 121,
  152
pensées négatives, 121
penser, 46, 58, 70, 88, 118, 119,
  134, 137, 153
penser que, 46, 119, 134
perception, 7, 14, 24, 25, 69, 71,
  88, 93, 125, 127, 129, 152
percevoir, 24, 27, 57, 70, 71
perdre de vue, 117
père, 14, 15, 30, 37, 44, 61, 62,
  106, 110, 124
permis, 3, 6, 35, 62, 73, 79, 89, 124
personne, 3, 8, 9, 14, 18, 19, 24,
  25, 27, 33, 34, 36, 37, 44, 46,

# INDEX

47, 50, 54, 59, 60, 69, 71, 74, 78, 83, 88, 89, 90, 91, 93, 95, 110, 114, 115, 119, 120, 123, 124, 125, 129, 134, 136, 137, 143, 144, 146, 148, 152
personne sage et vertueuse, 59, 60
personnes plus âgées, 51
personnes puissantes, 47, 116
perspective, 43, 109, 113, 143, 151
perspectives, 57
persuader, 73, 149
persuader les autres, 149
persuasion, 40, 41, 87, 128
perturbation, 120, 127, 130
peser, 81, 82
pétition, 50
petits enfants, 115
peur, 9, 30, 43, 44, 47, 83, 85, 114, 115, 116, 117, 120, 127, 128, 131, 142, 147, 149
peur de la mort, 83, 85, 127, 128
Phidias, 29
philosophe, 9, 10, 39, 40, 41, 43, 44, 84, 100, 103, 105, 109, 123
philosophes, 4, 17, 21, 40, 44, 56, 84, 87, 100, 101, 107, 118, 120, 123, 124, 141, 142, 144, 147
philosophie, 40, 41, 73, 74, 120, 123, 124, 125, 126, 144, 149
Phoenix, 136
pierre, 96, 120
pieux, 146, 149
pitié, 46, 48, 88, 90
plaintes, 77, 130
plaisir, 8, 91, 114, 116, 147, 149
plantes, 69, 70, 71
Platon, 40, 134
pluie, 90, 91, 95, 107
plus faible, 142, 143, 148
plus fort, 142, 143, 144, 148
plus grande, 7, 8, 44, 87, 89
poids, 136, 149
poils au menton, 78
point de vue, 90, 111, 151
poison, 21, 148
popularité, 116
porte est ouverte, 46, 115, 119

portefeuille, 114
positions, 48, 97
possession, 1, 5, 10, 73
possibilité, 3, 36, 85, 121
potentiel, 11, 13, 41
poursuite, 5, 7, 17, 18, 19, 21, 56, 67, 69, 83, 85, 105, 141
pousses, 70
poutres, 135
pouvoir, 1, 3, 5, 6, 25, 29, 30, 31, 36, 39, 40, 45, 48, 61, 62, 63, 64, 67, 70, 82, 91, 93, 94, 96, 116, 119, 121, 127, 141, 142, 146, 149, 151
pouvoir d'argumentation, 40
pouvoir de changer, 63
pouvoir de l'habitude, 127
pouvoir égal à celui de Zeus, 70
pouvoir sur vous, 116, 149, 151
pouvoirs, 30, 32
pratique, 21, 34, 35, 38, 39, 120, 126, 128, 145, 148, 149
préceptes, 118, 121
préceptes de Dieu, 118, 121
précognitions, 105, 108, 118, 130, 138
prémisses, 34, 35, 36, 38
préparation, 36, 99, 100, 152
préparer, 10, 11, 101, 152, 153
présence divine, 69
présent, 47, 55, 66, 70, 71, 96
présent avec tous, 70
préserver, 75, 77
preuve, 19, 38, 54, 60, 71, 126, 133, 138, 145, 149
prier, 5
principe unique, 95
principes, 11, 17, 19, 21, 37, 67, 73, 75, 87, 117, 123, 137, 142, 143, 148, 149, 153
principes de la nature, 73
principes fondamentaux, 19
principes philosophiques, 149
principes raisonnés, 148
priorité, 20, 48, 51, 67, 96, 125, 130, 151, 153
pris, 10, 43, 89

Priscus Helvidius, 9
prison, 4, 20, 21, 61, 143, 144
privé, 100, 128, 138
procès, 4
processus à long terme, 58
productivité, 51
professeur, 45, 124
profit, 13, 50, 133, 144
progéniture, 14, 66, 110
progrès, 17, 18, 19, 21, 23, 40, 149
promesses, 51
propositions, 33, 34, 37, 38
propriété, 65, 116, 148
prospérité, 115
providence, 77, 78, 79
Providence, 27, 78
province, 146
prudence, 33, 38
puissance supérieure, 27, 31, 77, 121, 153
puissant, 44, 118
punition, 61, 63
Pyrrho, 129
qualités, 10, 14, 15, 27, 41, 97, 121, 138
Quel genre de problème, 117
questionnement, 33
questions politiques, 110
questions pratiques, 126
questions pressantes, 117
raisin, 74
raison, 7, 8, 10, 13, 14, 15, 19, 20, 31, 32, 38, 41, 45, 47, 51, 53, 55, 56, 57, 80, 81, 82, 84, 90, 94, 99, 100, 109, 113, 114, 120, 128, 130, 133, 144
raisonnement, 25, 33, 34, 35, 37, 38, 84, 110, 123
rames, 114
rappeler, 50, 120, 151
rapport différent, 114
rassemblement, 61
rationalité, 7, 11, 24, 25, 80
rationnel, 7, 8, 11, 28, 50, 79, 95
réalisations, 12, 20, 49, 97
recevoir, 8, 47, 50, 70, 147, 148

recherche, 31, 32, 53, 97, 104, 121, 126, 142
recherche de connaissances, 126
recherche d'une validation externe, 97
rechercher l'admiration, 103, 104
recommandations, 149
réconfort, 127
reconnaître, 11, 25, 27, 33, 34, 37, 61, 69, 77, 103, 130, 141, 147
Reconnaître, 4, 5, 6, 11, 21, 24, 25, 31, 32, 37, 38, 41, 42, 47, 48, 51, 57, 58, 63, 64, 67, 71, 74, 84, 85, 90, 96, 97, 108, 120, 121, 130, 137, 138, 148, 149
réévaluer, 111
réfléchir, 7, 8, 37, 87, 109, 117
Réfléchir, 11, 41, 84, 85, 96, 153
réfléchir aux principes, 109
réflexion, 41
refuser l'assentiment, 33, 34, 37
rejeter, 33, 35, 36, 78, 133
relation, 33, 47, 105
relations, 73, 74, 108, 109, 151
remède, 62, 127, 128
renards, 14
renforcer, 127, 129
rentable, 8, 137
répondre, 9, 19, 36, 38
réponse, 20, 36, 37, 38, 39, 73, 95
réputation, 20, 73, 143, 148
résistance, 23
résister, 23
résolution, 74, 75
respect, 67, 95, 97, 138
responsabilité, 32, 43, 51, 53, 58, 62, 77, 85, 116
responsabilité familiale, 53
responsabilité personnelle, 116
responsabilités, 34, 51, 109, 110
ressemblance, 50
résultats, 17, 75
riche, 10, 46
ridiculiser, 18, 126
roi, 30, 118
roi ordonne, 118
rois, 20, 115, 141, 142

# INDEX

Romains, 54, 106
Rome, 3, 44, 46, 49, 51, 56, 94, 114, 119
Rufus, 4, 37, 46
ruine, 136, 138
s'abstenir, 33, 43
s'adapter, 147
sage, 34, 48, 88, 95, 109, 152
sages du passé, 142
sagesse, 33, 51, 77, 97, 105, 113, 122, 123, 125, 142
sagesse divine, 77
sans contrainte, 21, 30
sans distraction, 147
sans entrave, 1, 19, 30, 83, 120
sans rapport, 41
sans se soucier, 37
santé, 73, 106, 108
satisfaction, 4, 27, 65, 66, 151
Saturnales, 118, 144
savoir, 18, 35, 44, 50, 54, 60, 74, 84, 87, 100, 106, 126, 144
scout, 113, 116
se comparer, 41, 48
se concentrer, 17, 21, 121
se contempler, 1, 4, 5, 99, 100
se plaindre, 32, 63, 147
Se souvenir, 51, 67
se vanter, 103
secret, 3
sécurité, 44, 47, 71
s'efforcer, 38, 65, 66, 121
sénat, 9
Sénat, 4
Sénateurs, 120
s'engager, 33, 36, 87, 99
sens, 17, 19, 23, 24, 25, 31, 70, 83, 99, 100, 129, 134, 136, 144
sentir, 24, 66, 119
sérénité, 65, 66
serment, 71, 72
serment du soldat, 71, 72
s'essuyer le nez, 30
seul, 3, 5, 29, 35, 56, 57, 60, 61, 62, 71, 72, 87, 100, 106, 144
sexes, 78
sextarius de sang, 48

s'honorer, 71, 72
signes, 78, 83, 84
signification, 47, 99
simplicité, 116
situations spécifiques, 105, 106, 108
société, 103, 104, 106, 107, 108
Socrate, 10, 43, 44, 46, 48, 59, 60, 61, 82, 94, 120, 125, 142, 143, 144, 148
soin, 2, 5, 10, 12, 34, 44, 50, 77, 78, 79, 83, 93, 94, 96, 109
soldats, 69, 71, 78
soleil, 29, 70, 71, 95, 120
solution, 127, 142
sommeil, 79, 90
son, 4, 6, 10, 11, 14, 18, 19, 24, 25, 28, 30, 34, 46, 47, 48, 49, 54, 55, 56, 59, 60, 61, 65, 66, 67, 70, 73, 83, 88, 89, 90, 94, 95, 97, 100, 101, 106, 108, 110, 114, 115, 120, 121, 125, 127, 128, 133, 134, 136, 137, 142, 145, 146, 147, 148, 149
sophisme, 37, 38, 128
sophismes, 127, 128, 130
sophistes, 34, 35, 37
Sophocle, 136, 138
sortir, 62
souffrance auto-imposée, 63
sourd, 88
souris, 109
soutien, 48, 52
souvenirs, 69, 70
souvent entendu, 118
spectateur, 29, 120
stagnant, 25
statues, 21, 107
statut, 46, 48, 67, 116
structure, 99
stupide, 30, 95, 107
suivre, 10, 44, 59, 60, 83, 100, 105, 114, 123, 134, 135, 138, 139, 143, 151, 152, 153
supériorité, 93, 96
supportable, 119
surintendant, 49, 51, 95
surintendant du maïs, 51

# INDEX

surmonter, 85, 91
syllogisme hypothétique, 125, 146
syllogisme parfait, 39
syllogismes, 40, 41, 145
symboles de statut, 97
Syriens, 54, 106
système, 100
tâches, 49, 50, 51, 95, 126
tapisserie de l'existence, 27
teintes vibrantes, 27
tempérance, 65, 66
temples, 20, 21, 107
temps, 3, 4, 45, 46, 47, 49, 51, 71, 74, 118, 119, 127, 129, 131, 145, 147, 153
tendance, 49, 87, 104, 117
tentation, 48, 51, 91
terre, 2, 44, 50, 66, 70, 79, 89, 107, 114, 115
terreur, 143, 147
terreurs, 147, 149
testament, 11, 148, 153
tête, 3, 4, 8, 10, 56, 89, 107, 119, 142
théorie, 123, 125
théorie philosophique, 123
Thrasea, 4
titres, 95, 97
toge, 9, 114
tolérable, 7, 11
toucher, 54, 100
Tous, 10, 96
tragédie, 20, 115, 136
tragédien, 115
tragédiens, 116
tragédies, 115, 138
tranquillité, 17, 18, 20, 21, 50, 51, 61, 63, 113, 114, 120
travail, 19, 37, 45, 49, 51, 57, 100, 107
Troie, 136
tromper, 94, 100, 101, 128, 137
trouble, 61, 124
troublé, 147
troubles, 20, 93, 107, 135, 138
tué, 4, 37
tuer son père, 37

tuiles, 135
tumeurs, 54, 57
tyrannie, 65
tyrans, 45, 95, 115
Ulysse, 59, 60
une vie pleine de sens et d'épanouissement, 121
utile, 95, 105, 137
utiliser, 3, 5, 6, 24, 28, 54, 63, 64, 79, 80, 115
utilité, 2
valeur, 1, 2, 5, 7, 8, 10, 11, 21, 39, 45, 47, 48, 51, 60, 80, 88, 91, 96, 97, 100, 104, 123, 142
valeurs, 11, 67, 84
validation, 48, 97, 103, 121
validation externe, 103
venir, 45, 141
vents, 3
véracité, 59
véritable essence, 13
véritable gratitude, 97
véritable illumination, 27
véritable liberté, 63
vérité, 20, 21, 23, 33, 34, 47, 82, 83, 84, 101, 107, 120, 127, 133, 134, 136, 137, 141
vérités philosophiques, 142
verre de lait, 77
vertu, 17, 18, 21, 39, 40, 41, 61
vertueux, 33, 36, 121, 148
Vespasien, 9
vêtements, 77, 79, 88, 91
victorieux, 91
vie, 1, 8, 10, 11, 17, 19, 21, 24, 27, 29, 30, 31, 33, 34, 41, 45, 47, 48, 49, 51, 57, 62, 65, 73, 74, 94, 103, 104, 106, 107, 113, 116, 118, 120, 123, 124, 125, 126, 130, 143, 145, 147, 149, 152
vie épanouie, 17, 57, 103
vie quotidienne, 33, 123
vies, 110, 138
villes, 135, 136, 138
violet, 9
vivre, 10, 20, 21, 50, 51, 73, 74, 107, 119, 125, 126, 148

# INDEX

vivre sans se poser de questions, 126
voir, 19, 28, 29, 31, 40, 56, 71, 95, 118, 124, 125, 137, 145
voisin, 89, 107
voleur, 45, 88, 144
voleurs, 45, 61, 88
volonté, 4, 6, 7, 10, 17, 18, 19, 20, 21, 42, 44, 56, 57, 60, 82, 83, 84, 85, 88, 89, 90, 91, 92, 94, 95, 106, 107, 108, 117, 120, 141, 143, 144, 146, 148, 149, 151, 152, 153
volonté de la nature, 82, 83, 84
volonté divine, 84
volonté propre, 90
volumes, 125
voyage introspectif, 123
vrai, 8, 18, 30, 35, 37, 44, 55, 56, 57, 82, 83, 87, 107, 108, 113, 115, 133, 134, 136, 137
vrai caractère, 8, 113
vrai philosophe, 107, 108
vraie valeur, 78
vue, 29, 54, 59, 79, 100, 114, 119
Xénophon, 82
Zénon, 82, 100, 101
Zeus, 2, 4, 5, 13, 14, 15, 30, 62, 65, 66, 78, 94, 95, 107, 117, 128

www.ingramcontent.com/pod-product-compliance
Lightning Source LLC
LaVergne TN
LVHW011940070526
838202LV00054B/4735